“超”能力社会を
勝ち抜く力がつく入試戦略

子育て2.0

清水克彦

清談社
Publico

点数や偏差値では評価されない「ハイパー・メリトクラシー」時代の子育て戦略

50代も後半を迎えている私は、在京ラジオ局で報道ワイド番組のチーフプロデューサーやニュース解説を務め、政治や教育問題を取材して書籍化したり、大学院で学び、同時に大学でも教えたりする生活を過ごしてきた。

私たちの世代、あるいはその下の40代あたりまでは、学歴や企業、団体において重ねてきた年月の長さがものをいい、近年に至っては、本人の努力によってもたらされた「目に見える成果」によってチャンスが得られるというメリトクラシー（能力主義）が昇進や昇給のベースとなってきた。

しかし、そのメリトクラシーにも変化が生じ、それを超える**ハイパー・メリトクラシー（超能力主義）の時代へと移行しつつあるのが実情だ。**

その波は、大学入試にも押し寄せている。

ハイパー・メリトクラシーとは、教育学者で東京大学教授の本田由紀氏が、著書『多元化する「能力」と日本社会　ハイパー・メリトクラシー化のなかで』（NTT出版、2005）で名づけた言葉で、「人間力」など抽象的な概念で表現される「超能力主義」ともいえるものだ。

その代表格が、コミュニケーション能力や多様な考えを持つ人たちと協働できる力である。個々の人間が持つ「総合力」とでも言い換えられるかもしれない。

本田氏は、ハイパー・メリトクラシーについて、抽象的で曖昧な概念だと警鐘を鳴らしている。

第一、そういう人間力的なものをどうやって測るのか明確な物差しがない。人を評価する側によって自由に解釈され、決められてしまう危険性が伴う。

計算の正確さや知識の量であれば試験で測れる。点数や偏差値で「見える化」できる。一発勝負のリスクはあっても極めて公平で公正な方法だ。

ところが、「総合力」や「人間力」となると、その尺度は評価する人によって大きく異なる。

たとえば、コミュニケーション能力を測るために一定の基準を設けたとしても、表情、声の質、愛嬌《あいきょう》の有無、立ち居振る舞い、語る内容、質問に対する機転の利かせ方など、ビジネスでいえば取引相手、入試でいえば面接官によって受け取り方はさまざまだ。

しかも、性格や人格と切り離せないような部分は、学校や塾で勉強すれば身につくという代物ではない。

加えて、ハイパー・メリトクラシーの下でうまく振る舞える人間には、育ちや経験、幼いころからの人間関係が反映されている。

つまり、経済的、文化的、そして人間関係的に恵まれている家庭の子どものほうが総合的な「人間力」を身につけやすく、そのことが新たな不平等の温床になる恐れも否定できない。

ただ、現実問題として、明確な判断基準から離れた大学入試制度が年々進められていることは真摯に受け止めなければならない。

そしてそのことは、受験を控えた子ども本人だけでなく、現在、高校生や中学生をお持ちの保護者をも巻き込んでいくことになる。

というのも、**これまで、学校や塾などで「知識を増やすこと」と「問題を解く技能の育成」に力点を置いてきた子育てを、ソフトウエアでいう「バージョン1」から「バージョン2」へとアップデートすることを余儀なくされるからだ。**

ハイパー・メリトクラシー時代に突入した現代の大学入試に対応するためには、「子育て2・0」ともいうべきパラダイムシフト（考え方の革命的転換）が求められるということだ。

新入試を勝ち抜く「子育て2・0」とは

「子育て2・0」への転換が必要な背景には、文部科学省が少子化での受験生人口の減少、東京など都市部への人口集中、一段と進む国際化や社会問題の複雑化などに対処するために進めてきた大学入試改革や高大接続改革がある。

その主な柱が次の3つだ。

文部科学省による大学入試改革

――大学入学共通テストにおける入試問題改革

❶2021年1月実施の大学入学共通テストでは、マーク式という解答方法の中で、生活や学習の場面、文献資料やグラフなどを題材にした問題が頻出したが、今後は思考力や表現力を問うため記述させる問題が増える。

❷高校で「公共」「歴史総合」「理数」といった新科目が導入されるのに伴い、理科や

社会科、文理融合科目で記述式問題が導入される可能性が高い。

❸英語(外国語)も「聞く」「話す」「読む」「書く」の4技能を育成するため、2024年度以降には、英検やGTEC(Global Test of English Communication。ベネッセコーポレーションが実施しているスコア型英語4技能検定)、それにTOEFL(Test of English as a Foreign Language。アメリカNPO法人、教育試験サービスが主催する外国語としての英語テスト)などに代表される民間検定試験の活用が本格化すると予測される。

――国公立大学2次試験問題改革

個々の大学で課す2次試験で、従来の筆記試験を衣替えし、面接や小論文、グループディスカッションなどを課す大学、学部が増えていく。

――有名私立大学だけでなく国公立大学でも一般選抜入試以外の入学枠が増える

AO入試(アドミッションズ・オフィス入試)から名前を変えた総合型選抜入試、推薦入試から名前を変えた学校推薦型入試による入学枠が増加する。

文部科学省が実施した施策のうち、地方から大都市圏への人口の流入を食い止めるための入学定員厳格化は、合格者数を減らさざるをえなくなった首都圏や関西圏の有名私立大学を難化させたが、これ以上に劇的変化をもたらす入試制度改革は、受験生と親の不安をさらに増幅させている。

しかし、私は新制度に移行しつつある今だからこそ「勝機がある」と見ている。その手段として、面接や小論文が重視される総合型選抜入試をおすすめしたい。

その理由のひとつは、**受験生にとって「高嶺《たかね》の花」に思えていた大学が射程に入る**という点だ。

私は毎年、旧ＡＯ型入試や総合型選抜入試で大学を受ける高校生を指導しているが、ほぼ全員が一般選抜入試では届かなかったランクの大学に合格している。普通に受験していたら早慶や国公立大学など「夢のまた夢」だったかもしれない。

2つめは、**志望校へのチャレンジ回数が増える**という点だ。

大学入学共通テストに参加している私立大学であれば、まず秋に総合型選抜入試で受験し、落ちた場合は、1月に大学入学共通テストに挑戦できる。

それでもダメなら、2月に行われる通常の一般選抜入試で、再度受験することが可能になる。

これなら運悪く新型コロナウイルスや季節型インフルエンザに感染しても、受験機会すべてを失わずに済むというメリットもある。

3つめは、**総合型選抜入試のために対策を立てた経験が、数年後の就職活動にも活用できる**という点である。

なぜなら、就活も採用する企業側がエントリーシートでの志望理由、面接や小論文、それにグループディスカッションを重視しているからだ。

知識や問題を解く技能が問われてきた入試からハイパー・メリトクラシー化した入試、すなわち、**知識偏重型から受験生の「総合力」や「人間力」を問う形に変わったことで、「つけ入る隙」も生まれた**というのが私の実感である。

とはいえ、入試である以上、一定の対策は必要になる。

親がチェックしておきたいこと

思考力・表現力・判断力、それにコミュニケーション能力や協働性などが重要視されるハイパー・メリトクラシーの時代は、大学入試においても、家庭の力が試されることになる。（図表1）

[図表1]「子育て2.0」で何が変わるか

	これまでの考え方	「子育て2.0」の考え方
学力の育成	知識の量や解答の技術重視	思考力・表現力・判断力の育成
強化の方法	塾や家庭教師、通信添削など	家庭の力も問われる
入試の方法	主に一般入試だが、推薦入試、私立大学ではAO入試も選択肢になる	国公立大学志望者でも、総合型選抜入試（旧AO入試）での入学枠が増えるので選択肢に入る

とくに**私がおすすめする総合型選抜入試では、子どもの「総合力」や「人間力」を高める親子での戦略が重要になる。**

また、一般選抜入試においても、記述式問題の増加や個々の大学の2次試験で面接やグループディスカッションが多用されつつあるという現状を思えば、

「塾に入れておけば大丈夫だろう」

では心もとなく、常日ごろから家族のコミュニケーションを増やす、親子で何かを体験してみるといった積み重ねも必要になる。

「何か大変そう」

このように思われるかもしれないが、本書では「誰でも」「いつでも」「ノーコスト（もしくはローコスト）」でできる新たな時代の入試戦略について

述べていく。

文部科学省は、ハイパー・メリトクラシー型の大学入学共通テストにおける記述式入試について、「採点が明確でない」という批判を受け、当初予定していた2025年度からの本格的な導入を遅らせる方針だが、「総合力」や「人間力」を問う入試は、さまざまな形で広がっていく。

「子育て2・0」という新しい考え方で受験に勝ち、社会に出てからも成功できる子どもに育てるためのメソッドを一緒に考えていきたい。

子育て2・0　〝超〟能力社会を勝ち抜く力がつく入試戦略　CONTENTS

第1章

あなたの子どもが求められる「21世紀型学力」とは

第2章

「思考力入試」は「生き残る子」を育てるチャンス

第3章

「総合型選抜入試」が成功への最短ルートになる

第4章

「難関校」を目指すのは大学からでも遅くない

第5章 「子育て2・0」時代の親が変えるべき「毎日の習慣」

第1章

あなたの子どもが求められる「21世紀型学力」とは

―東京にマンホールはいくつあるか

「シカゴにはピアノの調律師が何人いるか推定しなさい」

このような問題が、大学入試で出題されたら、あなたの子どもはどのように答えるだろうか。

この問題は、**「フェルミ推定」**と呼ばれるものだ。

「フェルミ推定」とは、きっちりした正答を導き出すのではなく、「だいたいの値」を見積もる手法のことで、グーグルをはじめとする外資系IT企業や大手コンサルティング会社などで入社試験に出題され、話題になったものだ。

1938年にノーベル物理学賞を受賞したイタリアの物理学者、エンリコ・フェルミが、亡命先のアメリカ・シカゴで大学の学生に問いかけたことからその名前がつけられ、今では広く論理的思考力を測る問題として利用されている。

「東京都にある上下水道のマンホールの数を推定しなさい」

こういった問題も「フェルミ推定」の代表的なものだ。

この手の問題で求められるのは、正確な数字ではなく、どのように答えを導き出したかというプロセスだ。

たとえば、ピアノの調律師の問題でいえば、「シカゴの人口は約300万人」→「1世帯あたり3人とすれば全世帯数は100万世帯」→「このうちピアノが購入できる世帯はどれくらいあるかを推定」という順番で考えていく。

「アメリカの労働者の平均年収は350万円くらいだったかな？　だとすればピアノを購入できる年収層は700万円くらいか。全体の10％程度ってところか」

と推論する。

次に「ピアノは1年に1回調律が必要」→「ひとりの調律師が1日に調律できる台数は3台と仮定」→「調律師が年間250日働くとすれば1年に調律できる台数は750台」

といった具合に論理を積み重ねていく。

あとは、10万人を750台で割れば、

「シカゴで生計を立てていけるピアノ調律師の数は約130人」

という数字を弾き出すことができる。

この数字が実際の人数とかけ離れていても問題はない。

シカゴの人口やアメリカ人の平均年収といった知識に加え、「ピアノが購入できる世帯」と「調律師が調律できる台数」といったように要素を分類し、それぞれ**仮説や推計に基づいて、自分なりの答えにたどり着くことが重要なのだ。**

マンホールの問題でも、「仮説を立てる」→「問題をいくつかの要素に分類する」→「記憶している知識はフル活用する」→「要素ごとに推定量を算出する」→「各要素の結果から答えを導き出す」というプロセスが問われる。

「東京都の世帯数は人口が約1300万人として3人で割ると430万世帯」→「上下水道はすべてに普及しているとしてマンホールがあるのは10世帯に1個と仮定」→「430万世帯を10世帯で割れば43万個」

このように答えを導き出せば、実際のマンホール数（約48万4000個。区部のみ、2015年度末）と異なっていても合格点がもらえることになる。

これらの問題は、一定の知識がなければ解けないが、その知識を活用し、思考力をフルに使わなければ答えにたどり着けないものだ。

私は、こうした種類の問題が、総合型選抜入試での小論文、あるいは国公立大学や私立の医学部などで実施される2次試験で頻出するようになると予測している。

「フェルミ推定」以外にも、少子高齢化対策や地球温暖化対策など、**「正解がひとつとは限らないもの」について、文章でまとめさせたりグループで議論させたりする設問が増えてくる**と思う。

なぜなら、文部科学省が、これからの時代を乗り切っていくための「生きる力」として、「学力の3要素」（知識・技能、思考力・表現力・判断力、主体性・多様性・協働性）の育成を打ち出しているからだ。

文部科学省は、2016年の学習指導要領改訂と、それと前後する中央教育審議会の高等教育や大学入学者選抜等に関する答申等によって、教育の目標を「知識・技能最重視」から「時代に即した学力を育てる」へと転換した。

「基礎学力はしっかりつけたうえで、それを活用して考え判断し、表現する力、主体性を持って多様な人々と協働して学ぶ姿勢を養う」

というのが狙いで、そのために、知識の量や解答のテクニックを重視してきた大学入試を大きく変え、一方で、基礎学力が問われないＡＯ入試も改め、大学入学共通テストには記述式問題を導入し、ＡＯ入試には学力試験を課すという総合型選抜入試へと衣替えを図ったのである。

そうなると入試の中身が劇的に変わる。

それに対処するには学校や塾任せではダメで、**「子育て2・0」とでもいうべき家庭での親子の新たな向き合い方が大切になる**のは間違いない。

――君は私をどのように説得するか

「じゃあ、その案でお父さんやお母さんを説得してごらん」

正解がひとつとは限らない問題が生じた場合、子どもに対して、こんなふうに仕向けてみてはどうだろうか。

企画を出してはボツになり、ボツにされるとまた新たな企画を練るといった仕事が日常の放送局では、自分の主張やアイデアに、いかに説得力を持たせるかがカギとなる。

それはほかの職業でも同じで、思い込みや感情論だけでは通用せず、きちんとしたエビデンス（論拠や根拠、そのためのデータや研究結果など）を示せれば勝ち、示せなければボツにされることの繰り返しではないだろうか。

相手を説得する過程では、文部科学省が力説する「思考力・表現力・判断力」のいずれ

もが必要になる。言い換えれば、相手を説得する過程で、それらの学力が鍛えられるということにもなる。

あなたは、大阪市に本社があるキーエンスという企業をご存じだろうか。自動制御機器の開発企業という以上に、社員の平均年収が2000万円を超えることと、入社試験で必ず実施される説得面接で知られる企業である。

なかでも説得面接は大手企業を目指す学生の間では有名で、

「僕はお祭りが嫌い。好きにさせてください」

「マリンスポーツ派なのだけど、登山派に変えてみてください」

「私は紙媒体で本を読むのが好き。電子書籍派になるよう説得してください」

などといった「お題」が出され、面接に臨んだ学生は、3分以内で説得しなければならない。

「お祭りは密になり、ウイルスの感染が怖い」

「登山は現地に行って山頂にたどり着くまでの時間がもったいない」

「ずっとパソコンやタブレットで活字を追っているとブルーライトで目が疲れる」

このような面接官の理由に耳を傾けながら、お祭りに行くメリット、マリンスポーツの危険性、電子書籍ならではのよさを、たとえ話やデータなど思いつく限り駆使して伝え、引き込まなければならない難しさがある。

キーエンスが説得面接を実施するのは、「説得」という作業を通じて優秀な営業マンになれるかどうかの資質を見るためだが、同じようなことは家庭でも簡単にノーコストで始めることができる。

「家の外壁を塗り替えたいが、サンプルの中でどの色がいいか」

「新型コロナウイルスの感染拡大で、しばらくどこにも行けていないので、家族でどこかに出かけようと思うが、国内ならどこがいいか」

こうした内容であれば、「最近、親子の会話が少なくて」という家庭でも話しやすい。たとえば父親が最初に、「色はアイボリー系」「旅行先は熱海の温泉」と意見を出し、子どもには説得力のある材料を集めて、異なる意見を言わせるルールを設けるだけで十分だ。

総合型選抜入試の面接や小論文、国公立大学や私立の医学部などで実施される2次試験で実施される面接対策は、予備校の夏期講習などで簡単にできるものではない。

逆に、**一度コツを体得してしまえば、就職活動や社会に出てからの日々の仕事にも役立つスキルになる**ため、日常生活の中で「家族で考えるべき問題」が生じた場合、両親だけで決めず、子どもも巻き込んで話し合う機会を持ってほしい。

町工場を立て直すにはどうすればいいか

順天堂大学医学部の2次試験は例年、写真をもとに800字以内で受験生の考えを問う小論文が教育関係者の間で話題になる。

2015年入試では、ロンドンのキングス・クロス駅の薄暗い階段を、初老と思《おぼ》しき男性がのぼっており、その隣に赤い風船2つが揺れている写真をもとに、

「あなたの感じるところを述べなさい」

という問題が出された。

2018年入試では、壁も天井もむき出しで家具ひとつない建物の中にまぶしい光が差し、手前に寝そべる男の子が2人、窓際に背中合わせに座る女の子が2人、そして犬が2匹……といった写真を見て、

「子どものうちの一人になったとしたら何を思うか書きなさい」

という設問であった。

医学部の入試問題である以上、医師としての資質や素養がある人材かどうかを見極めるためのものだ。

「赤い風船」も「建物の中の子ども」も、写真の中にある多様な情報を整理してひとつの解釈を導き出す能力が、医師になった際に触診や問診、CT検査やMRI検査などで得た複数の情報から病名を判断する際に役立つと考えているのだ。


医学部では医師になるための「総合力」や「人間力」を見る出題が多い。

横浜市立大学医学部では、

「診療所の待合室での出来事です。ある患者さんが、高熱があると訴えて、先に診察を受けたいと申し出てきました。この日は混雑していて、他の患者さんは2時間以上待っていています。あなたがこの診療所の院長であるとしたら、この事例にどのような対応をしますか？」

慶應義塾大学医学部でも、

「インターネット注文した『がんによく効く湧き水』だけを摂《と》っている末期がんの患者の担当になった研修医として、あなたはどのような言葉をかけますか？」

「お金がなくて医療費が払えない患者がいます。あなたはどんな声をかけますか？」

など、もっと明確に医師としての資質を測る出題が続いている。

この動きは、総合型選抜入試や国公立大学の2次試験でも広がっていく。

「群馬県太田市の中古トラック販売会社。創業者の社長は75歳、息子36歳は営業主任で従業員からの信頼は得ていない。専務は70歳で社長のイエスマン。59歳の常務が新車販売に意欲的。売り上げは、コロナ禍の直後にトラック需要の高まりで伸びたがその後は低迷。あなたならこの会社をどう立て直しますか？」

まるでコンサルティング会社の入社試験のようだが、前述したように、正解がひとつではない問題がこれからの大学入試のトレンドになっていくことだろう。

法学部なら国内外の出来事への対処法、地方創生系の学部であれば中心市街地活性化策、工学部であれば高齢社会に科学技術で何が貢献できるかなどが、小論文やグループディスカッションという形で問われることになる。

強化するための特効薬はないが、**週に1度、親子間で真剣な対話をする**ことだ。大切なのは「真剣な」という部分だ。

あとでも触れるが、ニュース番組や新聞記事、ネット記事などを見ながら、

「新型コロナウイルス感染拡大防止と経済活動を両立するにはどうしたらいい？」

「全国に800万戸もある空き家をうまく再利用するにはどうしたらいい？」

このように親が真顔で切り出せば、子どもも向き合わざるをえなくなる。

これが定着してくれば、**自分の意見を論理的に語る絶好の機会になり、最も対策が立てにくいグループディスカッションの練習にもなる。**

サンマの向こうに何が見えるか

愛知県の南山《なんざん》中学・高等学校や長崎県の長崎南山中学・高等学校で校長を歴任されてきた西経一《にしけいいち》氏が保護者の前で語ってきた言葉で「なるほど」と思えるフレーズがある。

「猫はサンマを見て『サンマだな』としか思わないが、人間は漁師のこと、物流のこと、親がお店に行って購入し、料理をしたことなど、その背景を読み取ることができる」

というものだ。

この言葉には、サンマを見て、その向こうにいろいろなイマジネーションが浮かぶ子どもに育ってほしいという教育者としての願いが込められているのだ。

私は、**この考え方こそ、文部科学省がしきりに説く「生きる力」につながるものだ**と思っている。

何より、思考力や表現力など数字では見えない学力、言い換えれば、ハイパー・メリトクラシーが合否を左右するこれからの大学入試を勝ち抜くためには不可欠な考え方だと思うのである。

文部科学省が、大学入学共通テストに記述式問題を導入したり、国公立大学でも旧AO型で、しかもなんらかの学力試験を課す総合型選抜入試での入学枠を増やしたりするのは、世の中で「理科」や「社会科」といったひとつの学問領域では解決できない諸課題が増えてきたからだ。

また、さまざまな大学で「データサイエンス学部」や「地域資源創成学部」などといった文系でも理系でもない文理融合型学部が次々と誕生しているのも、幅広い分野を学べる環境をつくり、社会の仕組みを知り、現代社会で活躍するために必要な「課題解決力」の育成が急務となっているからである。

その意味においても、「サンマの向こうに何が見えるか」という視点は、子どもを伸ばしていくうえで重要な考え方になる。

ここでもポイントになるのが、家庭での親子の対話である。

とくに難しくはない。**世の中で起きている事象の表面だけを見ないで、その背景にほんの一歩踏み込むだけでいい。**

国内外の動きについて親子で語る方法

――例1＝中国大陸からの微小粒子の大気汚染物質「ＰＭ２・５」飛来問題

「今日はすごく飛んできているね」で済ませず、「どうしたら少しでも抑制できるのかなあ」と水を向ける。併せて、中国が２０３５年までにガソリン車ではなく、環境対応車（電気自動車など）に変えようとしている点についても感想を述べ合う。

――例2＝新型コロナウイルス感染拡大で医療機関が逼迫している問題

「医者や看護師は大変だよね」で終わらせず、どうすれば逼迫《ひっぱく》状態を緩和させられるのか、「病院に補助金を出す」「看護師資格を持っている人を高給で総動員する」など意見を出し合う。

高校生や中学生の子どもと踏み込んだ話をするには、お父さんやお母さんも新聞やネット記事で斜め読みする程度の知識が必要になるが、特別なコストはかからないこと、親自身にとっても勉強になるなどメリットは多い。

「過去最大の挑戦」とは何か

これからの大学入試を勝ち抜くうえで必要なことは親子の対話だけではない。**子どもにチャレンジさせているかどうかも大きなカギとなる。**

学生の就職活動を指導していると、しばしば直面する課題がある。

インターンシップや本採用に向けたES（エントリーシート）を作成する際、「あなたにとって過去最大の挑戦はなんですか？」と400字程度でまとめさせるというものだ。

実際、三井物産やキリンビール、それに三菱地所や日本航空といった大手企業が「最大の挑戦」を問う課題を課している。

就活生のチャレンジ精神と挫折、それを乗り越えたプロセスやそこから得たものを問う課題なのだが、同じような質問は、大学入試の総合型選抜入試に出願する際にも問われるケースが増えている。

「高校時代に全力で取り組んだことと、そこから見えてきた課題について述べなさい」

「目標を持って何かに挑戦したことがあれば述べなさい」

といった類いの質問である。

つまり、子どもに何かチャレンジさせることは、総合型選抜入試はもとより数年先に待ち構えている就職活動にもプラス材料になるということだ。

「かわいい子には旅をさせよ」

とは古くから知られることわざだが、子どもに対して過保護や過干渉になったりせず、思い切って突き放してみることだ。

子どもが「これ、やってみたい」と言ってきた場合、それがあまりに的外れなものでない限り、「大丈夫かな？」と心配になることでもやらせてみることだ。

置き換えるなら、お父さんやお母さんの役どころとして、**子どもを転ばせないように手を差し伸べるという姿勢から、上手《じょうず》に転ばせてやろうという考え方にパラダイムシフトを図るべき時代が来た**といえるかもしれない。

子どもを上手に転ばせる方法

――例1＝子どもが「アイドルになりたい」と言ってきたらやらせる

オーディションを受ける前に、「挑戦するなら全力でやること」「結果がうまくいかなかった場合でも、何か得たものを親に報告すること」を約束させる。

――例2＝部活動や委員会活動を徹底してやらせる

「中途半端に続ける」や「幽霊部員状態」なら辞めさせ、やる以上は高い目標（甲子園出場、全国大会優勝、文化祭大成功など）を掲げさせ、挑戦させる。

――例3＝子どもが興味を持っているものを全力で応援する

「パソコンでこんなことをしたい」「被災地でボランティアをやってみたい」「イタリアンレストランでアルバイトをしたい」といった興味を、校則などで禁じられていないものであれば、親として全力で応援する。

これまでのように1点刻みで輪切りされる大学入試であれば、「そんなことより勉強しなさい」と言いたくなるところかもしれない。

しかし、「子育て2・0」はやや発想が異なる。

大学入試が、子どもの「総合力」や「人間力」を評価する形にシフトしている現状を思えば、あまり目くじらを立てず、**子どもの「やりたい」を応援し、仮にうまくいかなくても、その体験を財産とするような働きかけをしてみてほしい。**

――「弱くても勝てます」を実現できるか

以前、『「弱くても勝てます」開成高校野球部のセオリー』（新潮社）というノンフィクション作家、髙橋秀実《ひでみね》氏の著書がドラマ化されたことがある。

原作は、東京大学への合格者が全国1位を誇る進学校、東京の開成高校野球部のユニークな練習法をつづったものだ。

この「弱くても勝てる」というのは、「子育て2・0」の観点から、そして思考力や表現力が試される入試を勝ち抜くうえでも「肝」となる言葉である。

あとで詳しく触れるが、難関大学の高校別合格者数を見れば、東大や早慶は、軒並み私立の中高一貫校が上位を占めている。

親の年収格差が子どもの学歴格差になるというのは、残念ながらある面本当で、アメリカのハーバード大学でも、入学者の保護者の平均年収は日本円で約１３００万円と、アメリカ人の平均年収５６８万円（アメリカ労働省統計局調べ）の２・５倍となっている。

これからの大学入試で、子どもの「総合力」や「人間力」を見る入試が主流になっていくとすれば、留学など、さまざまな体験をさせた家庭の子どものほうが有利になり、格差がさらに固定されてしまう恐れもある。

とはいえ、「弱くても勝てます」の原理でいえば、保護者の年収がそれほど高くなくても、子どもは大学入試で十分戦えることになる。

高校野球では、公立校がシードされている私立の強豪校を打ち破る番狂わせを起こすことがあるが、**同様に、受験でも「お金はなくても合格できます」は実現できる。**

弱くても勝てる＝年収が多い家庭でなくても
これからの大学入試で勝つコツ

■親子の対話を増やす＝既述したように、世の中の出来事について話し合う機会を増やす。

■話題の場所を見に行く＝国会、県議会、被災地、人気スポットなどに行けば、親の

立場で話して聞かせる材料が見つかる。

■地域の活動などに積極的に参加させる＝地域の清掃活動、夏祭り、ボランティア活動に取り組ませることで社会に目を向けさせる。

■保護者の職場を見せる＝職業観が芽生える、社会の仕組みが理解できる。

■保護者の母校、あるいは憧れていた大学を見に行く＝「僕も行きたい」「私なら違う大学を選ぶ」と考えるインセンティブになる。

これらについては、あとでも触れるが、いずれもノーコスト、もしくはローコストでできるものだ。

わが家の場合、東京都の区議会議員に頼んで、高校生だった娘に1日インターンシップなるものをやっていただいたことがある。

区議会の様子を見て、保育園やゴミ処分場なども見せてもらうことで、娘なりに待機児童の問題や環境問題に興味を持ち、進学先として法学部政治学科を志すようになったことは、議員と一緒に街を回った結果得た「気づき」によるものだ。

有権者のお願いであれば議員側も歓迎してくれる。費用も電車代程度で済む。しかも、首都圏や関西圏のような大都市圏にお住まいでなくても可能なことだ。

「よし、やるぞ」

という思いの多くは、外的刺激によることが多い。**通常の勉強や部活動などの合間に子どもを連れ出し、驚きや感動を与えることが「弱くても勝てます」「お金がなくても合格できます」の第一歩だ。**

誰もがリーダーシップをアピールする必要はない

私のように報道の世界にいると、政財界トップのリーダーシップの有無について語ることがよくある。

「総理（あの社長）にはリーダーシップが欠けている（リーダーシップがある）」

といったように、である。

しかし、大学入試や就職活動で考えた場合、誰もが強いリーダーシップを持つ必要性はまったくない。

ある企業の採用担当者に聞いた話だが、

「A大学のボート部の主将という学生が3人来たんだよね」

と言うのだ。

同時期に主将はひとりしか存在しないはずが、リーダーシップがあることを強調するために、エントリーシートで話を盛って応募してきた学生がいたというわけだ。

たしかに総合型選抜入試や国公立大学の2次試験（面接など）を思えば、主将という肩書は多少プラスに働くかもしれない。

しかし、**今の世の中は、「俺についてこい」タイプや議論の場で全体を仕切りたがる人間だけが重宝されるわけではない。**

総合型選抜入試や就職試験で増えているグループディスカッションにおいても、全体を引っ張るタイプの人間は、採用する側から見れば目立つ半面、強引に自分の意見を主張するクラッシャーになりやすい。

全体の調和を図ることなく結論に持っていく我田引水型のタイプは、大きなマイナスの印象を与えることになる。

リーダーには「カリスマ型リーダー」もいれば「メシア型リーダー」もいる。

これは、20世紀のオーストリアの精神科医、ハインツ・コフートが分類したもので、

「カリスマ型リーダー」とは、強いところを見せ、明確な意思で全体を牽引《けんいん》しようとするリーダーを指す。

一方の「メシア型リーダー」は、文字どおり救世主型のリーダーで、「この人についていけば大丈夫」と安心感をもたらすようなタイプをいう。

コフートはこのどちらも理想的なリーダー像とはしていないが、私は**少なくとも全員が「カリスマ型リーダー」を目指す必要性はない**と考えている。

「うちの子は部活でも委員会でもキャプテンや委員長として引っ張っていくような経験がありません。そんな状態で総合型選抜入試は大丈夫でしょうか？」

講演先で寄せられる親からの質問には、「まったく問題ありません」と返している。

「人間はそんなに立派なものでも強いものでもない」

というのが、前述のコフートの主張だ。

リーダーシップ論でいえば、力強い旗振り役ではなく、周りとの協調を図り、全体の共感を得ながら物事を前に進めていく力のほうが問われる時代である。

文部科学省が掲げた「学力の3要素」の中に、多様性や協働性が含まれているのはそのためだ。

「僕（私）はこう思う」

と言うだけでなく、**自分とは異なる意見に耳を傾け、よい点があれば評価し、着地点を探るような姿勢こそ求められているのである。**

「自分の意見くらいはっきり言いなさい」

家族の対話の中で、こんなふうに教えるのは悪いことではないが、むしろ、

「じゃあ、お父さんとお姉ちゃんの意見をまとめて、こういうのはどう？」

と提案したりまとめたりできるような子どもに育てていただけたらと思う。

「合意形成能力」は就活への登竜門

今でも「カリスマ型リーダー」のほうが、日本社会の組織構造には合っているという側面はある。

「校長↓教員↓生徒」「社長↓部課長↓一般社員」という縦型社会にあっては、上意下達方式のほうが、「意思決定↓行動」の時間が短くて済むからだ。

とはいえ、その場合、トップリーダーの方向性が間違っていたら、全体が誤った方向に

動いてしまう。

ダイバーシティー（多様性）が求められる時代にもかかわらず、悪い意味で均一化や同質化を生じさせやすいという欠点もある。

大学入試や就職試験でグループディスカッションが重視されるようになったのは、**答えがひとつとは限らない課題が増え、その解決策を考えるうえで、上手《じょうず》に調和を図り、合意を形成していく力が必要となってきた**ためだ。


グループディスカッションで測ることができる能力

- ■積極性
- ■傾聴力
- ■気配り
- ■臨機応援な対応力
- ■論理的思考

グループディスカッションでは、少なくともこれだけの要素を測ることができる。

大学の総合型選抜入試や国公立大学の2次試験対策としてやっておけば、就活への登竜門ともなるので、家庭内で何人かそろえば、ニュースを見聞きしながらの延長として一度やってみていただきたい。

家族でできるグループディスカッションのテーマ

■文系＝憲法改正、18歳に成人引き下げ、低投票率、保護貿易、地方創生、少子高齢化、空き家問題、非正規雇用、新型コロナウイルス対策など。

■理系＝地球温暖化、AI（人工知能）と医療、尊厳死、ゲノム編集、チーム医療、新型コロナウイルスと病院経営、臓器移植、再生医療など。

やり方はそれほど難しくない。

大学入試で課せられるグループディスカッションには、主に**「課題解決型」**と**「二者択一型」**があるので、それぞれ家庭で簡単にできる方法を例示しておく。

初級編と捉えて試してみていただきたい。

課題解決型

新聞で「低い投票率」の記事を見つける→お父さんが司会役で「18歳、19歳の若者が選挙に行くようにするには？」と課題設定→お母さん、長男、長女が主権者教育に関して方策を述べ合う→お父さん「では政党側はどうすれば？」→お母さん、長男、長女がさらに意見を述べ合う。

二者択一型

テレビで新型コロナウイルスのニュースが流れる→お母さんが司会役で「感染拡大防止と経済、どっちを優先すべきか？」と課題設定→お父さん、長男、長女が意見を述べ合う→お母さん「では、両立は難しいの？　これまでの政府のやり方はどこがまずかった？」→お父さん、長男、長女がさらに意見を述べる。

大学で流行する「ＰＢＬ型授業」

近年、大学教育の場で注目されているのがＰＢＬ型授業と呼ばれるものだ。

ＰＢＬとは、課題解決型学習（Project Based Learning）の略称で、**教授陣の授業を聴くという受け身の座学ではなく、自ら問題を発見し、解決する能力を養うことを目的とした教育法**のことを指す。

先に述べた「フェルミ推定」と同様に、正しい答えにたどり着くことが重要ではなく、ひとつとは限らない答えにたどり着くまでのプロセスが大切という学習法で、１９９０年代、アメリカの教育学者、ジョン・デューイが初めて教育現場で実践に取り入れたとされている。

ＰＢＬ型授業は、文部科学省が授業方法として提唱しているアクティブラーニングに直結するもので、課題を発見し、問題を解決する手法を身につけるにはうってつけの方法だ。

私も、大学院の修士課程でＰＢＬ型の授業に参加し、今は大学の非常勤講師という立場で授業にこの手法をとり入れているが、**思考力・表現力・判断力、そして、主体性・多様性・協働性を養うには理想的な手法**だと実感している。

私はこの方式を、みなさんの家庭でも実践していただけたらと思っている。

なぜなら、それが、これからの大学入試、なかでも総合型選抜入試や国公立大学の２次試験で勝つ近道と思うからだ。

これも方法は難しくない。

先の項で述べた家庭でできるグループディスカッションが小一時間で終わるものとすれば、数日かけてやるものという理解でいい。

たとえば、そろそろクルマを買い替えようとしているなら、家族全員で何にするかを話し合って決める。

ただ、単に意見を出し合って決めるだけでは、「課題発見」→「問題解決」という流れになりにくいので、**親がテーマ設定をして、各自に調べさせ、そのうえで意見を述べ合い、結論を出すといったプロセスをルール化しておくことが大事だ。**

家庭で簡単にできるＰＢＬ型会議（クルマ買い替え編）

❶課題を発見する＝12年も乗ったクルマが故障しがち。そろそろ買い替えたほうがいいのではないか。

❷テーマを設定する＝予算は３００万円。長く乗りたいので購入するのは新車。この金額の前後で買えるクルマで、どんな車種（国産車か外国車か。セダンかＳＵＶか、それともワンボックスか。ガソリン車かハイブリッド車か、あるいはＥＶ＝電気自動車

か）がいいか一週間後までに調べて発表。このとき、たとえば、お父さんが、それぞれの車種の長所と短所を簡単に説明しておく。

❸各自で調べる＝自動車メーカーのウェブカタログ、モータージャーナリストなどのウェブ上の記事、テレビや新聞などからの情報をまとめさせる。予算をオーバーしそうな場合、どうしたら解決できるのかも考えさせる。

❹意見を発表する＝「かっこいいから」「おしゃれだから」という理由だけではアウト。価格、燃費、安全性能、社会のトレンド（「十数年先には、世界各国でガソリン車が禁止になりそう」など）を加味しながら発表させる。

❺結論をまとめる＝全員の意見をくみ取り、結論をまとめる。

最初はすぐに調べられそうなテーマから始め、やがては「祖父母の介護問題をどうするか」など社会性がある課題に取り組んだり、子どもたちに当番制で課題を発見させたりするのもいいだろう。

話せて書ければ人生は安泰

私は以前、「話せて書ければ人生安泰」をテーマにした著書を出版したことがある。どんなに高い学歴やスキルがあったとしても、コミュニケーション能力や発信力が乏しければ周囲にアピールできないからだ。

斬新な企画を思いついたり画期的な発見をしたりしたとしても、プレゼンテーション能力がなければ、「思いつかなかった」「発見できなかった」のと同じだ。

私の周りを見ても、**人前で話せない、きちんとした文章が書けない東大出身者より、話し上手で企画書などを作成するのが得意な中堅私立大学出身者のほうが出世したり、重要なプロジェクトを任されたりしている。**

つまり、「話せて書ける」という能力は、21世紀型学力の基盤になると同時に、これからの大学入試、その先の就職活動や社会に出てからの人生を大きく左右する武器となるものだ。

この2つの武器は、残念ながら一朝一夕には身につかない。塾や予備校にいくら投資しても容易には習得させられない。

「では、どこで身につけさせるのか？　『家』でしょ！」

ということになる。

そのキーワードは、「はみがきよし」のひらがな6つである。この習慣が家庭にあれば、子どもは「話せて書ける」ようになる。

「はみがきよし」とは

■「は」＝話す。親子での対話時間を増やす。
■「み」＝見る。親子でいろいろなものを見に行く。
■「が」＝書く。子どもにまとまった文章を書かせる。
■「き」＝聞く。相手の話にきちんと耳を傾けさせる。
■「よ」＝読む。親子で新聞や本を読む習慣を持つ。
■「し」＝調べる。親子でわからないことは本やウェブで調べるくせをつける。

あなたの家庭で、これら6つの要素が定着すれば、これからの大学入試やその先の就職活動は有利に戦えることになる。

第3章で詳しく述べるが、今後、国公私立を問わず、さらに広がっていく総合型選抜入試で合否を大きく左右するのは、自己推薦書や活動記録書といった出願に必要な文書だ。入試本番で問われるのは、やはり小論文という文書であり、面接やグループディスカッションでのコミュニケーション能力である。

すなわち、**「話せて書ける」かどうかがカギを握っているのだ。**

本章ではとくに親子の真剣な対話を軸に話を進めてきたが、同様に書く力も重要で、これも書く量が増えれば論旨が明快な文章になっていくものだ。

わが家では、娘が当時のAO入試で慶應義塾大学に合格する前の1年間、ちょうど100回、木曜と日曜に「父と娘の小論文講座」を開いてきた。

100回などと聞くと「そんなに?」と驚かれるかもしれないが、やってきたことは次の2つだけだ。

わが家で「書く力」を育成するために実践してきたこと

■社会現象を論じた文章の要約。

■図やデータなどから何が言えるか、またそれに対する自分の意見を400字でまとめさせる。

同じものを私も書き、あとは娘が書いた文章と見比べる……。これだけで娘の文章は飛躍的にうまくなった。

この手法は、慶應義塾大学の法学部や文学部などの入試対策になり、なおかつ早稲田大学やほかの国立大学の入試にも応用できるため、毎年、面倒を見ているほかの高校生も、ひとり残らず難関と呼ばれる大学を射止めている。

「清水さんは報道記者として文章を書く仕事をしているから可能なのでは？」

と疑問を持たれるかもしれないが、ビジネスの一線で活躍されている方であれば、ほとんどの方が、高校生の息子や娘よりまともな文章が書けるはずだ。

受験前の半年か1年、週に1回か2回、わずか1時間程度、子どもと向き合い、小論文講座を開くだけで、塾や予備校に投資しなくても難関大学に合格できるとしたら、「やってみるか」という気持ちになっていただけるのではないだろうか。

「どうしても文章は苦手。模範解答のような文章は書けないし、時間もない」

という方は、**適当な評論文をウェブで探し、書写させるだけでもいい。**

子どもの「総合力」や「人間力」は、塾や予備校では伸ばせない。むしろノーコスト（もしくはローコスト）でできる家庭に、子どもを伸ばすタネがあるのだ。

大学入試で勝つ「2つの武器」

これからの大学入試で勝つには「話す力」と「書く力」、2つの武器が必要と述べたが、自己推薦書や活動報告書を作成するためには、これらとは別に2つの武器が必要になる。

前述したように「ボート部主将」とか「バスケット部キャプテン」「吹奏楽部部長」といった肩書も、リーダーシップや責任感と紐《ひも》づけられる武器だ。

ただ、難関大学の総合型選抜入試ではそれだけでは弱く、もうひとつ武器を持っていると、自己推薦書や活動報告書に記入する内容が豊かになる。

恋愛に置き換えてみると、人が恋に落ちるのは、相手に複数の魅力を感じるからではないだろうか。

「彼（彼女）はバスケットボール部の花形選手だが、ピアノもなかなかのものだ」

「彼（彼女）はプレゼンテーションが上手《じょうず》だが、中国語だってペラペラだ」

私なら、このように、同じ人物の中に分野が異なる2つの魅力を感じたとき、尊敬したり、恋心を抱いたりする。

同じように、**大学側から見て、みなさんの息子や娘が魅力的に映るようにするには、異なる武器が2つ必要**ということになる。

子どもにつけさせたい2つの武器の例

■部活動や委員会の主将や委員長＆民間英語検定での高いスコア

■生徒会長＆短期留学経験

■バスケットボール部で都道府県大会出場＆被災地ボランティア体験

このように、部活動や生徒会活動、運動部や文化部での実績や肩書、地域活動やボランティア活動、インターンシップや留学経験、語学のスコアや資格、コンクールの成績やアルバイト体験などから武器を選び、組み合わせてみよう。

語学のスコアやコンクールの成績を除けば、必ずしも高い実績は必要ない。

「ここまでの高校生活で○○に打ち込み、それ以外にも△△を体験した」と言えるような状況をつくれば、総合型選抜入試はもちろん、学校推薦型選抜入試でも有利になる。さらに先の就職活動にも生きてくる。

Column

新入試のリアル ❶

難関私大はＡＯ専門塾が大嫌い

総合型選抜入試に名前を変えたＡＯ入試。慶應義塾大学など難関私立大学の担当者が口をそろえて語るのが、「ＡＯ専門塾は大嫌い」という点だ。

試験当日には塾長なる人物が大学前まで来て受験生に檄《げき》を飛ばすのだが、そこで訓練を受けてきた受験生は画一的で、教授陣との面接でも、いかにも訓練を受けてきましたという模範的な受け答えをする。

ある大学では、「○○義塾などという専門塾の受験生があっと驚くような出題をしてやろう」と毎年、虎視眈々《こしたんたん》と狙っている。

本編でも述べたが、子どもの「総合力」や「人間力」は日々の生活＝家庭の中で身についていくものだ。

軍隊のように特訓を受けた受験生は、大学側に見抜かれ、そっぽを向かれかねないので、「通うな」とは言わないまでも、塾長を「神」と崇《あが》めたり、どっぷり浸《つ》かりすぎたりしないようにしたいものだ。

第2章

「思考力入試」は「生き残る子」を育てるチャンス

この「5つの力」と「基礎学力」を身につければ最強

一般選抜入試であれ総合型選抜入試であれ、これからの大学入試で問われるのは、文部科学省が唱える「思考力・表現力・判断力」、それに「主体性・多様性・協働性」といった要素だ。

これは第1章でも説明してきたが、置き換えるなら次の5つの要素ともいえる。

家庭で子どもに身につけさせたい5つの要素

■シミュレーション能力＝「こうすればよくなるのでは？」など仮説を立てる力。
■ロジカルシンキング能力＝感情的ではなく根拠を挙げながら結論を導き出す力。
■コミュニケーション能力＝周囲の意見に耳を傾けて、自分のアイデアとかきまぜる力。
■ロールプレイング能力＝「市長の立場になる」「店主になったつもりで考える」など他人ごとを自分ごととして考える力。

■プレゼンテーション能力＝人前で、納得させたい事柄について相手の心が動くように話す力。

こうして列挙してみると難しく感じられるかもしれないが、第1章で述べた「マンホール」の話や「シカゴのピアノ調律師」の話は、シミュレーションするところから始まる。そして自分なりの「解」を導き出すまでのプロセスはロジカルシンキングということになる。

キーエンスという企業の面接で問われる「私（面接官）を説得してください」という質問は、ロジカルシンキングおよびプレゼンテーションの力が問われ、医学部で出される「あなたが院長ならどのように声をかけますか？」といった問題はロールプレイングそのものだ。

その基本は親子の対話を増やすこと、もっといえば、世の中の出来事や家庭で解決しなければならない大事な問題に関して真剣な対話をすることで身につく。

これについては個別に次項以降で述べていくとして、**これら5つの要素の前提となるのは知識だ。**

「知識偏重の入試が衣替えするのだから、おざなりにしてもいい」

ということにはならない。

「シカゴのピアノ調律師」の話でいえば、「シカゴの人口は300万人前後」という知識がなければ、あまりにもかけ離れた答えになる。計算能力が乏しければ、限られた時間に答えを弾き出すこともできない。

「街の名産品である『うどん』を世界に広めるには？」

という課題が出されたとして、各国の文化や日本との貿易事情の知識がなければ、文章を書くこともグループディスカッションで発言することもできないだろう。

東京大学が2016年度から導入してきた学校推薦型選抜入試（旧AO型の推薦入試）で、大学入学共通テストの受験を課し、その8割程度の正答率を基礎学力があるかどうかを判定する基準にしているのは、

「一般選抜入試組ほどではなくとも、一定の知識や技能は必要ですよ」

と、受験生やその保護者に伝えたいからにほかならない。

文部科学省も、各大学に対し、AO入試から名前を変えた総合型選抜入試や学校推薦型入試でも、基礎学力を見るなんらかの試験を課すよう求めている。

総合型選抜入試や学校推薦型選抜入試は、一般選抜入試に比べると求められる学力のバーは低くなるとしても、これまでのような一芸入試、学校からの書類と簡単な面接でクリアできる入試にはならないということだ。

第3章で述べるが、**総合型選抜入試では、学校側が作成する調査書の中の各科目の評定が重視されつつある。**

「出願条件は『平均評定が4・1以上』」

主だった大学の募集要項には、このような条件が付記されている。

また、学校推薦型入試で志望校を狙うなら、学校での成績がものをいうため、平均評定では最低でも「4・3」、できれば「4・7」程度は欲しいところだ。

「4・3」あれば、大学側から学校に来る指定校推薦制度を利用して大学を選びやすくなり、「4・7」以上あれば、それを学校内でトップクラスにいる証《あか》しとして、難関大学にもエントリーしやすくなる。

そのためには、学校での勉強をおざなりにはできないということだ。

私が受験生だった時代は「四当五落」といわれ、「睡眠時間を4時間に削って勉強した者が勝ち、5時間以上寝た者は負ける」などといわれたものだ。

今は、そこまでのガリ勉は必要ない。**学校の授業をしっかり受け、苦手科目を塾などで補強しておけば、ハイパー・メリトクラシー時代の入試では有利になる。**

――「シミュレーション能力」をどうつけるか

子どもにシミュレーションをさせるには、考えるための材料が必要になる。

最初は親が子どもに問いを投げかけるところから始めよう。

「新型コロナウイルスの影響でファストフード店なども軒並み苦戦しているんだってね。○○ちゃんが牛丼店を出店するならどうする？」

テレビのニュース番組や新聞記事を見ながら、こんな「問い」を出してほしい。

「そんなの、今、新たにお店をつくってもうまくいかないよ」

というのはなし。巨大モール内への出店も安易なのでなしだ。

このケースでいえば、牛丼チェーンのオーナーから東京23区内に新規出店を命じられた店長になったつもりで考えさせるのだ。

「どこに出せば儲《もう》かるかなあ」

こんなふうに投げかけてみよう。そうすると子どもは、

「新宿か渋谷の駅前に出すかな」

人出が多いターミナル駅を挙げるかもしれない。

しかし、そこには既存の牛丼店やほかのファストフード店がひしめき合い、競争も激しい。誕生する店が多い代わりに淘汰《とうた》されていく店も多いという現実がある。

そこで、新宿や渋谷の駅前に出店するデメリットを伝えながら、

「じゃあ、ターミナル駅前以外の場所に出すとして、どこに出せば儲かりそう?」

と質問を変えてみよう。

儲かる店というのは人が大勢いる場所にあることが前提だ。

そうすると人口が多い世田谷区や練馬区などが候補に挙がるが、昼間人口だけで見ると、千代田区や中央区などのほうが圧倒的に多い。

区別の人口、最寄り駅の乗降者数、昼間人口などをネット検索すれば、

「ランチ前から夕方あたりを中心に考えれば千代田区か中央区。もう少し儲けたいなら、帰宅時間の夕方にビールと牛皿で一杯飲めるようにすればいい」

こんな答えにたどり着くかもしれない。

もちろん、夜間や休日狙いで世田谷区に出店するのも間違いとはいえない。ここでも正解はひとつではないからだ。

こんな要領で、「コロナ禍の中、街に観光客を呼び込むには？」など、**親子で仮想の話を増やせば、シミュレーション能力はしだいに身についてくる。**

「ロジカルシンキング能力」をどうつけるか

ロジカルシンキングとは、言い換えれば論理的思考だ。その対義語は感情的思考ということになるだろうか。

わが家でもそうだが、日々の家庭生活は「思考」→「判断（決断）」の連続だ。

「晩ご飯、何がいい？」

「週末、どこかクルマで遠出する？」

「おじいさんの具合がよくないらしい。AとB、どっちの病院にする？」

といった具合に、だ。これは職場で企画などを決める際も同じだろう。

この**「思考」→「判断（決断）」のサイクルを少し応用することでロジカルシンキングの**

基礎は完成する。

「大学の授業はリモート中心がいい？　それとも対面中心がいい？」

この問いを投げかけるのは、やはりお父さんかお母さんだ。

「リモートがいい。だって雨の日とか大学に行くのかったるいもん」

「対面がいい。パソコンで授業を受けているだけだとつまんない」

子どもからはこのような答えが聞かれることだろう。しかし、これらの答えは本音ではあってもロジカルシンキングには遠く、感情的思考の範疇《はんちゅう》だ。

ロジカルシンキングとは「論が理にかなう」、つまり、**思いつきではなく、たしかな論拠をひとつずつ積み重ねながら判断した内容に説得力を持たせる手法だ。**

先ほどの問いに対する答えであれば、

「僕はリモートがいい。大学まで行く時間と費用がセーブできるし、パソコン操作にも詳しくなれて、教室で手を挙げるより質問がしやすいから」

「私は対面がいい。同じ学費を払っているのだから図書館とかラーニング・コモンズのような施設を利用したい。部活動で部員の勧誘もウェブでは限界があるし、このままだと母校愛みたいなものも持てなくなる」

このように、根拠を2つか3つ挙げながら語れば、聞く側の保護者としても「なるほど」と思うことができるだろう。

大学に入れば、自分の論にデータなど客観的な調査結果などを駆使して説得力を持たせる作業が普通になる。社会人になればその連続といってもいい。

その前に、**「思考」→「判断（決断）」に至る理由を複数の根拠を示しながら表現する習慣を、たわいもない家庭生活の中でつけておきたいものだ。**

——「コミュニケーション能力」をどうつけるか

試験というものは、当然ながら、ひとりで解くのが大前提となっている。第三者のヘルプは許されない。

しかし、総合型選抜入試や国公立大学などの2次試験で多用され始めている**グループディスカッションやワークショップは、「誰かと一緒に考える」「みんなと力を合わせて答えを出す」という形式だ。**

この対策を家庭で行うには、お父さんと子ども、あるいは、お母さんと子どもといった

2人ではダメで、少なくとも3人以上が必要になる。グループディスカッションなどは「3人寄れば文殊の知恵」が出るだろうという手法だからだ。

それにはまず、月に1回でも家族全員が集まる環境をつくることだ。

そこで、「次に買うクルマは何にする?」とか「祖父母の介護をどうする?」など、差し迫った課題について意見を出し合うのだ。

学校のホームルームなどでは、みんな互いに空気を読み合い、言いたいことが言えないまま終わるケースが多々あり、出てくる意見も担任の顔色をうかがいながらの模範解答が主流になるので、**家庭では「本音を言う」「誰かの意見を否定しない」をルールにするのがコツ。**

「BMWがいいって? そんなお金、うちのどこにあるの!」

「今から老人ホーム? そんなのおじいちゃんがウンと言うわけないよ」

こういう否定形はなしだ。ブレインストーミング(ブレスト=自由に意見を出し合うことで、新しい発想や問題の解決方法を導き出す手法)にするのだ。

司会役はお父さん。発言は自由で、重要なのは質より量。誰かの意見に便乗したり、それをヒントに話を膨らませたりするのもありだ。

性格的にシャイな子どもでも、自分の意見が否定されたり、兄弟姉妹から攻撃されたりしないとわかれば、安心して意見が言えるようになってくる。

結論は、全員が納得できる答え（納得解）として、お父さんやお母さんが出してもいいし、「長男だから○○ちゃん、決めて！」でもいい。ブレストの目的は正解を導き出すことではないので、結論が出なくてもＯＫだ。

自分の意見を自由に述べること、自分とは違う意見に耳を傾けることが基本で、これができるようになれば、賛成派と反対派に分けて行うディベート（討論）にも強くなる。

「ロールプレイング能力」をどうつけるか

阪神・淡路大震災や東日本大震災、そして熊本地震など、被災地取材を繰り返してきた私が実際に避難所で見てきた光景がある。

３００人ほどが避難している小学校に、ＮＰＯ（非営利団体）などからおやつが差し入れられるようなケースだ。

避難生活が長期化し、甘いものが食べたくなったころ、２５０個のシュークリームが差し入れられるとうれしいものだが、避難者は300人。50個も足りない。

この場合、あなたが避難所の責任者だったらどう対処するだろうか。

誰からも文句が出ないように公平を期すには、「足りない人が出てくるので、差し入れを受け取らない」や「追加の50個が来てから配布する」が考えられる。

しかし、「受け取らない」では、食べたかった人たちの気持ちに沿わないことになるし、責任者として厄介な問題から逃げただけともいえる。日持ちがしないシュークリームであることを考えると、追加を待つ余裕もない。

そこで考えていくうちに、

「だとしたら、300人の中で甘いものが苦手な人や糖尿病などで食べられない人を除けばいいのでは？」

「みんなが食べたいと言うのであれば、中学生までの子どもには1個ずつ分けて、残りは避難所のスタッフでゲームか何かを考えて賞品にすれば？」

こういったアイデアが出てくるかもしれない。

シュークリームのケースでいえば、**みんなが納得する方法を、自分が当事者になったつもりで考えることがロールプレイングなのである。**

「お金がない人に医療を提供することについてどう思うか」

先に紹介した、慶應義塾大学医学部の2次試験で出題されたこの問題などは、医師になったつもりで答えるロールプレイングの代表的な問題だ。

シュークリームのケースも医学部の問題も答えはひとつとは限らないが、これも家庭での対話の積み重ねで強化できるものだ。

「あなたが農家だったら、新品種のりんごをどうやって広める?」

「あなたが市長だったら、国からの1億円という補助金をどう使う?」

日々のこんな問いかけが、想像力を富ませ、さまざまなことに目を向ける力に結びついていく。

――「プレゼンテーション能力」をどうつけるか

プレゼンテーションとは、端的にいえば、**第三者からの同意や共感を取りつける手法**である。

「僕はバレー部でキャプテンをしていました。そのリーダーシップを生かし……」

「私はカナダに短期留学しました。貴学では異文化体験をさらに深めたい……」

総合型選抜入試や国公立大学などの2次面接でこのように語っても、キャプテンだからといってリーダーシップがあるとは限らず、異文化体験といわれても、どのような体験をし、それからどんな気づきを得たのか、はっきりしない。

バレー部キャプテンとしての経験やカナダ留学での異文化体験をストーリーとして紹介し、面接官の同意や共感を得なければ合格は勝ち取れない。

初心者の後輩の面倒をどう見たのか、それによって後輩はどう変わったのか、カナダで最初に衝撃を受けた体験はなんだったのか、それによって自分はどう変わり、さらに何を学びたいと考えるようになったのか、その**ストーリーが相手の心を突き動かす**のである。

アメリカ大統領選挙で、バラク・オバマ元大統領が「YES WE CAN」のフレーズで有権者を熱狂させ、ドナルド・トランプ前大統領が「MAKE AMERICA GREAT AGEIN」のキャッチコピーで勝利したのは、

「私は何者で、どんな政策を持ち、それを実行することで、みなさんにはこんな明るい未来が待っている」

というストーリーを数々の遊説によって「見える化」できたからだ。

家庭でも、「どうしてその大学を受けたいの?」「なぜその仕事を目指したいの?」といった質問をする際、**体験談や根拠を盛り込ませながらストーリーを語らせてほしい。**親の前では恥ずかしいというなら、友だち同士で繰り返しやらせてみてほしい。

「私には○○をした経験がある。それから得たのは△△という思いだ。それを深めていくには政治学科がふさわしいと思うようになった。なぜなら政治には世の中を変えていく力があると思うからだ。貴学には◇◇といった制度があり、政治を学ぶには他大学にはない魅力がある。だから貴学に入学し、××について学びたい」

このような**ストーリーができれば説得力は増す。**私も娘に何十回となくやらせてきたが、場数を踏ませるほど上達するので実践してみてほしい。

家庭教育で「自己肯定感」を養う

5つの能力を発揮させるためには、子どもに自信を持たせること、言い換えれば「自己肯定感」を植えつけることが重要になる。

10代、それも高校生あたりになると、友だちとの比較で優劣がはっきりしてくる。「彼

（彼女）よりできる」と優越感を持つ子もいれば、「僕はダメだ」「私には無理」などと劣等感にさいなまれる子も出てくる。

そういう時期だからこそ、**お父さんやお母さんが自信を持たせ、「僕にだってやれる」「私だってできる」と体感させることが大切なのだ。**

これがなければ、記述式の試験が増え、面接やグループディスカッションが合否の分かれ目になるこれからの入試は戦えない。

内閣府の調査では、日本の若者は、諸外国の若者と比べて、自身を肯定的に捉えている者の割合が極端に低いことがわかる。（図表2）

同じような結果は、文部科学省や財団法人日本青少年研究所などの調査でも明らかになっている。

財団法人日本青少年研究所が日米韓3か国の高校生を対象に実施した調査では、日本の高校生は、

「教わったことをほかの方法でもやってみる」

「問題意識を持ち、聞いたり調べたりする」

［図表2］**日本の子どもの自己肯定感は高くない**（%）

	自分自身に満足している	自分には長所がある
日本	10.4	16.3
韓国	36.3	32.4
アメリカ	57.9	59.1
イギリス	42.9	41.7

出典：内閣府「子ども・若者白書」（2019年版）

という割合が低く、自己肯定感の低さが学習意欲にも直結していることが明らかになっている。

これでは、「知識を応用してみよう」などと語ったところで、モチベーションは上がらないのではないだろうか。

カナダの心理学者、アルバート・バンデューラは、行動に対する自信が強いほど、人はその行動に対して努力することを明らかにし、自己肯定感を高める方法として次の4点を挙げている。

アルバート・バンデューラの「自己肯定感を高める4つの要素」

■直接的な成功体験
■代理的な成功体験
■言葉による説得
■情緒的な喚起

直接的な成功体験は、自分で困難を乗り越えたという経験、「やればできる」という実体験である。

代理的な成功体験は、両親や学校の先輩、職場の上司など第三者の成功体験を間近に見て、自分もやっているように感じるというもの。

言葉による説得は、「君ならできる」というような言葉がけで、「ほめる」や「励ます」もこれに相当する。

また、情緒的な喚起は、勇気をもらえる音楽や映画などに接し、気持ちが高揚し、「僕（私）にもできる」というような気分にさせるというものだ。

もうおわかりのように、**4つとも家庭で実践できることだ。**

直接的な成功体験でいえば、ハードルが高くない目標からクリアさせて自信を持たせる、目先の点数より「わかるようになった」「できた」を大切にすること。

代理的な成功体験でいえば、「お父さんだってできたのだから大丈夫」「お前が手伝ったからチームとして優勝できたんだ」などと、成功談を子ども本人と紐づけて語ること。

言葉による説得は、「〇〇ちゃんは△△の部分がとても優れていると思う」など、子どもの長所を口に出して語ったり、努力のプロセスをほめたりすること。

そして情緒的な喚起は、歌詞が優れた曲、頑張れば花が開くことを題材にした本や映画などに触れさせることだ。

逆をいえば、**兄や姉と比較し、「お兄ちゃんはできたのに」と述べたり、「ダメなやつだ」など人格を否定するような言葉は発したりしない**ことで、子どもの自己肯定感を高めていきたいものだ。

子どもの「ありのまま」を受容する

関西圏屈指の進学校、奈良の東大寺学園中・高等学校のホームページを開くと、3つの目標が掲げられている。

そこには、「1. 基礎学力の重視　2. 進取的気力の育成　3. 豊かな人間性の形成」とあるのだが、その下に気になる文章がつけ加えられているのだ（ルビは引用者）。


この三つの教育目標の中では「自由」ということばを用いてはいないが、個性や自主性、しなやかな感性を育む上で、「自由」という教育環境は不可欠であると考えている。したがって本学園では、不合理なもので生徒を縛りつけるようなことはない。一方的に生徒に従順さを強要することもない。生徒の「自由」を最大限尊重したいと考えている。そして、この良き伝統を、今後も大切に守っていきたいと考えている。生徒が「自由」を享受し、互いに切磋琢磨《せっさたくま》しながら自らの可能性を追求することを、切に願っている。

制服はなく頭髪などの規制もない、おおらかな男子校ならではの文言だが、子どもを縛りつけない、自由に自分の可能性を追求できる環境こそ、家庭に最も求められる要素だと思うのである。

つまり、**子どもの「ありのまま」を受容するということだ。**

自省を込めていえば、親には自分の子どもに理想線を引きたがる傾向がある。

「息子（娘）にはこうあってほしい」

オギャーと生まれた日には無事に生まれてきたことだけで十分と思っていたはずが、いつの間にか、成長に合わせて理想線を設け、

「ああいうふうに勉強をすると学年でトップクラスになれるんだな」

「あそこの塾に通わせてしっかりやらせたら難関校が見えてくるんだな」

などと、ほかの優秀な子どもと同じレールに乗せようとしたり、理想線から逸《そ》れた子どもに対しては「ダメじゃない！」と叱責したりするようになる。

私が勤務する在京ラジオ局の番組で、シンガーソングライターのさだまさしさんが、こんなハガキを読んだことがある。


ある小学校で、校庭に立つ大きな木の幹を、紫色に染めた絵を描いた児童がいた。先生は驚いて児童に聞いてみた。

「よくあの木を見て？　こういう色じゃないんじゃないかなあ？」

そうしたら、その児童は、

「いいんだ！　僕は紫がいちばん好きな色なんだ。僕はこの木がいちばん好きな木だ。だからいちばん好きな色を、いちばん好きな木にあげたんだ」

と答えたという。今の教育では、木を紫色に塗る児童に「最高点」をあげることはできないが、児童の感受性は素晴らしいと思い、先生は紙で金メダルをつくり、その児童にあげた。

私は、この話を聞き、児童の感受性をありのまま受容した先生にも金メダルをあげたくなったのを記憶している。

子どもは十人十色でさまざまな感性を持ち、得意な部分も持っている。それを杓子定規《しゃくしじょう ぎ》に「標準化」してしまおうとするのが大人側だ。

私は、**お父さんやお母さんは子どもに対してもっとラフであるべき**だと思う。

「よその子はよその子、うちの子はうちの子」

と達観し、子どもの得意なこと、好きで熱中していることを応援する姿勢で十分だと思うのだ。

オーストリアの社会学者、ピーター・F・ドラッカーは、組織や企業のマネジメントについて、

「自分の強みに集中しろ」

と説いている。これはそのまま子育てにも当てはまる名言だと思う。

もちろん、学業成績の評定は無視できず、大学入学共通テストを受験するのであれば、どの科目もある程度、習得する必要はある。

しかし、「何点取れたか」以上に「大学に入って何をやりたいか」が問われるこれから

の入試、とくに総合型選抜入試などにおいては、子どもの「自由」を最大限尊重する東大寺学園方式の子育てのほうがマッチするように感じている。

高校生あたりの年代になれば、自分で自分の強みと弱みはわかってくるものだ。そのうちの**強みをもっと強化すれば、それが入試対策になるだけでなく、その子ならではの「自分軸」にもなっていく。**

それが自分のレゾンデートル（存在意義）になり、先の項で述べた自己肯定感にもつながっていくように思うのである。

――反抗期は「やがて収まる」と達観する

「子どもとの対話を増やしたくても、反抗期で振り向いてくれない」

講演で質問を受けつけると、しばしば聞かれる言葉である。

そういう場合は、**「反抗期＝頭がよくなるとき、子どもが成長しようとしているときに起こる副作用」とでも考え、達観するほかない。**

そもそも「親」という字は「木の上に立ち見る」と書く。

もともと高いところから見ていることしかできないというのがお父さんやお母さんの役割なのだ。

『学年ビリのギャルが1年で偏差値を40上げて慶應大学に現役合格した話』（KADOKAWA）の著者として知られる坪田信貴さんは、自身が経営する坪田塾のホームページで、反抗期について、保護者には「よしよし！我が子が賢くなってる」と思ってほしい、子ども本人には「反抗期は自然に起こることで、そのうちちゃんと収まるから安心してね！」と呼びかけている。

また、首都圏屈指の進学校、麻布中・高等学校の平秀明校長は、「子どもに『あなたのことは信頼しているからね』というメッセージを送ることと、生活リズムの乱れだけは正すこと」

この2つを反抗期対策のポイントに挙げている。

肝心の子どもに学びへのスイッチが入らなければ、親としては気をもんでしまうが、受験が近づけば、当事者である子どものほうから動きが出てくる。

「パパ、学校に来た指定校推薦に出してみようと思うんだけど？」

「お母さん、総合型選抜入試で受験したい」

財布の紐を握っているのは保護者なので、早いか遅いかの違いはあっても必ずアクションを起こしてくるのを気長に待てばいい。

「あんた、いつまでも何やってんの！」

ではなく、

「そうか、この子は今、あっちに向いているんだな」

といったように、**「親」という漢字に立ち返っていえば、木の上から嵐が過ぎ去るのを待つ感覚でいいのではないだろうか。**

最近の子どものもうひとつの問題が、反抗期らしい反抗期がないという点だ。

取材を重ねていると、子どもが反抗しなくなったという話をよく耳にする。

お父さんもお母さんと一緒に子どもの学校行事にかかわり、入試の会場にもついていくようになった時代。

親が子どもを転ばせないよう先回りをしてきた結果なのか、あるいは、子ども部屋にパソコンやスマートフォンなどが完備され、関心を寄せる対象が親ではなくなってきたせいかもしれない。

第1章でも述べたが、子どもには、好きなことにどんどん挑戦させ、失敗させてみてほしい。

「失敗を恐れるな！」

などとかっこよく子どもに言うわりに、挑戦させていない、安全運転ばかりを強いているお父さんやお母さんが大勢いるように思うのだ。

パソコンやスマートフォンについては、できれば、買い与える際や買い替える際に、「リビングか食卓で使用すること」というルールは決めておきたい。それが生活リズムを守ることにもなる。

それがかなわないなら見守ることだ。服装や言葉づかいに著しい変化が生じれば別だが、そうでない限り、**自然を見るような目で「やがて収まる」と達観しよう。**

――広げると浅くなり、狭めると深くなる原理

京都大学の大学院で院生生活を送ってきた私は、京都の街中で京町家《きょうまちや》と呼ばれる古い民家を目にしてきた。

1950年以前に建てられた木造家屋の多くは、間口が狭く、奥に長い「うなぎの寝

床」と呼ばれるようなつくりを特徴としている。

「京町家の建て方は学問そのものでしょう？」

恩師のひとりからこんなふうに言われて気づかされたのだが、**間口は狭くても奥行きが長く、広さもある。これが学びというものか、と感じたものだ。**

たしかに、学問は、最初に大風呂敷を広げてしまうと尻すぼみになり、ポイントを絞って研究していくと広がりや深さを生むものだ。

たとえば、政治記者を務めてきた私が「今どきの政治問題」という大テーマで本を書こうとすると、あれもこれもと散漫になるが、「受験」という切り口に絞って書けば、入試改革の問題点をフックに政治の課題にまで言及することができる。

大学入試の話に戻せば、これからの大学入試は、「狭めると深くなる」が重要なポイントになる。

大学入学共通テストでまずまずの点数を得るには、ある程度は「広く、浅く」も必要だが、総合型選抜入試や国公立大学の2次試験などでは、あるひとつのことを徹底的に追究するような「狭く、深く」型の子どものほうが強い。

子どもの強みを応援する、子どもが得意としていること、好きで没頭していることを応援する、というのは、「狭く、深く」の入り口でもあるのだ。

メカニズムに興味を持っている子どもであれば、

「10年後には、自動運転の、しかもオール電化されたクルマだけになるね」

英会話に熱心な子どもであれば、

「アメリカ大統領選挙をチェックしてごらん。文化や問題点もよくわかるよ」

ファッションに関心がある子どもであれば、

「アフターコロナの時代、どこに拠点を置いて生産し、どう売るかだね」

など、お父さんやお母さんが水を向けてあげることが重要だ。

首都圏屈指の難関校、武蔵中・高等学校には「自調自考」（自ら調べ、自ら考える）の教育方針が根づいている。**学問は「少しわかれば面白くなる」ものなので、保護者が興味の導火線に火をつけることで、子どもは自ら動くようになる。**

――語り、聞かせたい「神話の法則」とは

将来、ありたい姿、あるいは、あるべき姿から今を考える思考法を「バックキャスティ

ング」という。

現状からどんな改善ができるかを考え、課題を解決していく通常の方法が「フォアキャスティング」。

「バックキャスティング」はその逆で、**思い描いた未来から逆算し、それを実現するには、これから何をすればいいのかを導き出す手法**である。

近ごろでは、トヨタ自動車などが「2050年までに新車の二酸化炭素排出量を90%削減」といった未来の目標から逆算し、今、取り組むべき課題に対処するため、この手法をとり入れている。大学入試を例に挙げてみよう。

大学入学を例にしたバックキャスティング

- 10年後＝日本と諸外国を往来する留学生の支援を行うNPOを立ち上げたい。
- 5年後＝ノウハウを学ぶため海外留学支援を実施している企業に入りたい。
- 1年後＝そのために大学は、外国語学部か経営学部に入っておきたい。
- 現在＝その手段としては一般選抜入試より総合型選抜入試。そのための準備をしよう。

この流れさえできれば、大学に入る目的意識が明確化されるため、総合型選抜入試で問われる志望理由や面接での質疑応答への対策は「できた」も同然になる。

お父さんやお母さんは、子どもが将来についてどう考えているのか話を聞き、バックキャスティング方式に倣って、そこまでの道筋を一緒に考えてあげてほしい。

もうひとつ、子どもに伝えたいのが「神話の法則」である。

「神話の法則」は、アメリカの神話学者、ジョセフ・キャンベルの研究によるもので、ヒットしたアニメや映画（「ONE PIECE」「スター・ウォーズ」「タイタニック」「ライオン・キング」など）のストーリー展開に多用されているものだ。

「神話の法則」とは

❶日常の世界～冒険へのいざない
❷冒険の拒絶～賢者との出会い
❸第一関門突破
❹敵との戦い、仲間との出会い
❺最も危険な場所への接近

---

❻最大の試練

❼報酬～帰路・復活・帰還

主人公は冒険に出るが、その大変さに驚く。しかし、導いてくれる人に出会い、ハードルを乗り越えるが、敵と遭遇し、最も危険な状態に追い込まれていく。そこで仲間とともに最大の試練を乗り越え、何かを得て、敵の追撃を振り切りながら帰還を果たすというのが「神話の法則」のざっくりした流れだ。

重要なのは、「賢者との出会い」があること、つまり学校や塾の先生、アドバイスをくれる年上の大人の存在を大事にするということ。そして、報酬を得るまでに何度も試練が訪れ、それを乗り越えた者だけが帰還できるということだ。

受験は決して孤独ではないことを伝え、同時に楽に合格できるものではないことを一度でいいので語り聞かせておきたい。

Column

新入試のリアル 2

年収1000万円世帯がいちばんきつい

毎年、中学受験の取材をする中で直面するのが、合格者の保護者の大半が年収1000万円以上あるという点。東大合格者でも、保護者の6割以上が年収950万円以上あるという実態を見ると、「保護者の年収格差＝子どもの学力格差」は当たっていると感じる。

しかし、年収1000万円程度だとかなりきつい。給与所得者で年収1000万円を超える人は全体の5％程度（国税庁調べ）だが、手取り額でいえば700万円台だ。しかも、2020年4月から拡充された高校無償化では、就学支援金支払いの対象は910万円未満の世帯。また、同年1月からは、年収850万円を超える会社員や公務員の所得税が増税になっている。つまり、年収1000万円世帯には「公助」が期待できないのだ。

高所得者になるとブランド品や外国車に手を出したくなるスケベ心が芽生えるものだが、子どもを私立の中高一貫校に入れても塾代はかかる。コロナ禍で先々の年収が見通せなくなる人もいるので慎重に家計をチェックしておこう。

第3章

「総合型選抜入試」が成功への最短ルートになる

「AO入試」から「総合型選抜入試」へ

本章では、総合型選抜入試、なかでも**「難易度の高い大学を目指すなら総合型選抜入試がおすすめ」**という観点で話を進めていく。

2020年7月、新型コロナウイルスの感染拡大に終息のめどが立たない中、私が非常勤講師を務めている東京の大妻女子大学でも、2021年4月の入学に向けた学生募集要項が発表された。

その中で目を引くのが総合型選抜入試という文字だ。

総合型選抜入試とは、2019年度までAO入試と呼ばれていた試験形式を発展させたものだ。

ただ、AO入試は、一部の大学で学力試験を課さず、出願書類と面接だけで合格者を決定する、いわば「一芸入試」に近い形の入試が横行してきたことから、文部科学省がこれを衣替えし、なんらかの学力評価を義務づける方向に舵《かじ》を切ったのだ。

では、**実際に何がどう変わるのだろうか。**

たとえば、大妻女子大学の総合型選抜入試では、学部や学科によって若干異なるものの、アドミッションポリシー（入学者の受け入れに関する方針）として、

「高等学校で履修する、国語、英語、家庭、数学、化学、日本史、世界史、現代社会、政治経済などについて内容を理解し、知識を有していること」

「日本語及び英語の基礎的能力（聞く、話す、読む、書く）を正確かつ十分に修得していること」

という趣旨の内容を明記している。

つまり、出願の際に自分で書く（実際には保護者やＡＯ専門塾の先生方も手伝う）志望理由書や活動記録報告書などに加え、高校時代の成績、語学の民間検定試験でのスコア、そして入試当日に課される小論文の出来などでふるいにかけられることになったわけだ。

ほかの有名大学の例も見ておこう。

私学の雄、早稲田大学の場合は、政治経済学部で語学のスコアの提出のほか、入試本番で長文の論文試験が課せられる。社会科学部も同様だ。

早稲田が地域に貢献する人材を選抜し、育成することを目的に設けたＡＯ型入試「新思考入試」では、書類などでの1次選考→意見論述などの筆記試験での2次選考と続き、

そこまで突破した学生には、大学入学共通テストの受験（各学部が指定する3科目を受験し、80％の正答率が必要）が義務づけられている。

日本で最初にＡＯ入試を始めたことで知られる慶應義塾大学も、２０２２年度入学者選抜の出願要件に、「全般的な学業分野で極めて優秀な成績を収めたことを示せる者」といった内容を明記した。

一方、生徒を送り出す学校（高校）側にも変化が生まれた。

個々の生徒について記載し、生徒が受験する大学に提出する調査書で記載事項が増えたのだ。

様式変更で拡充される調査書の項目

❶学習における特徴等
❷行動の特徴、特技等
❸部活動、ボランティア活動、留学・海外経験等（具体的な取り組み内容、期間等）
❹取得資格、検定等
❺表彰・顕彰等の記録（各種大会やコンクール等の内容や時期など）

---

❻その他（生徒が自らかかわってきた諸活動など）

一定の成績を取っていれば合否にはそれほど関係がないといわれてきた調査書だが、記載量が増え、これを点数化する大学も増えてくるかもしれない。

生徒側からすれば、**学業成績をアップさせるだけでなく、❸から❻が埋まるような高校生活を過ごす必要が出てきた**ということになる。

2020年度からは、AO入試だけでなく、従来の推薦入試は学校推薦型入試へ、一般入試は一般選抜入試へと名前を変えた。

このうち、一発勝負の一般選抜では、これまでと同様に知識や技能が問われるが、ほかの入試形式はいずれも、読み書き計算能力などのほかに、個々の思考力や判断力、それに表現力や多様な人たちとの協働性が問われることになった。

国際化が進み、社会問題も複雑化している時代である。大学側は、文部科学省の方針に則《のっと》り、テストの点数では表せない「新たな学力」を見ているのだ。

そうなると、これからの入試は、総合型選抜入試はもとより、それ以外の形態の入試でも子どもの総合力が試されることになる。

大変なようだが、**私はそこにチャンスがある、もっというなら「下剋上《げこくじょう》」の可能性があると**思っている。

——実は成績がよい旧AO入試組

「一芸入試」の横行で、アルファベットをもじって「アホでもOK」入試と揶揄《やゆ》されてきたAO入試。

この指摘はまったく当たらないと考えている。

私はこれまで、3つの大学での非常勤講師のほか、さまざまな大学でゲスト講師に招かれ、政治や国際情勢を語ってきた。

その中で感じてきたのは、とくに難関とされる大学、日東駒専（日本大学、東洋大学、駒澤大学、専修大学）、あるいは産近甲龍（京都産業大学、近畿大学、甲南大学、龍谷大学）と呼ばれる中堅以上の大学では、**AO入試組のほうが一般入試組の学生に比べ、授業に前向き**という点だ。

事実、東北大学が2000年から9年間かけて追跡調査した結果では、AO入試組のほうが一般入試組に比べ、留年しないで卒業する割合が高い。

成績も**ＡＯ入試組や推薦入試組のほうが、全学教育、専門教育ともに一般入試組より成績が良好**（「大学入試研究ジャーナル」２０１１年3月）であることが明らかになっている。

慶應義塾大学でも、

「ＡＯ入学者は入学時に期待され、評価された特性を入学後も失うことなく伸ばしながら、学業評価においても入学経路別の集団比較では常に最も高いことが確認されている」

といった分析結果（「KEIO SFC JOURNAL」VOL.14 No.1 2014）を出している。

もちろん、東北大学などはＡＯ入試であっても学力考査をしっかりやってきた大学で、日本全体で見た場合、ＡＯ入試が一般入試より優秀な学生を獲得できているとは言いがたい面があるのはたしかだ。

なぜなら、中堅以下の大学で、学生集めに苦労しているような大学では、「学力不問」の入試によって学生を早期に囲い込んできた歴史は否定できないからだ。

私が指導している早慶や国公立大学志望の高校生ですら、

「ＡＯ入試だと秋には合格が決まるので、残りの高校生活を満喫できる」

「一般選抜だと苦手科目があるので無理。総合型選抜であれば合格できるかも」

と本音を語る。

このように、これまでのＡＯ入試は、「早く合格を決めたい」「学力的には届かない大学も狙える」と考える高校生の受け皿になってきた側面があるのも事実だ。

それでも私は、本書を手にされているあなたの子どもには、総合型選抜入試での受験を強くおすすめする。

総合型選抜入試をすすめる理由

■「なぜ、その大学の学部を目指すのか」という目的意識がはっきりする。
■「自分の特技は何か、今後にどう生かしていくか」を把握する機会が持てる。
■総合力が問われる入試に代わるとはいえ、大学入学共通テストの受験科目を勉強するより負担が軽く、高校生活を楽しみながら、実力以上の大学が狙える。
■最初は不純な動機で志願しても、出願書類や志望理由書を作成し、小論文や面接対策をしているうちに、学びへの意識が生まれてくる。
■多くの大学で9月から12月には合否が出るため、合格すれば、内容が流動的な大学入学共通テストに振り回されたり、新型コロナウイルスや季節性インフルエンザを心配したりする気苦労が相当減る。

総合型選抜入試の「2つの魅力」

全国の国公立大学と私立大学の入学者のうち、半数近くをAO入試と推薦入試による合格者が占める時代になった。

総合型選抜入試や学校推薦型入試と名前を変えても、この傾向はさらに続くものと考えられる。

その理由のひとつは、**国立大学に入学できる可能性が高まった**ためだ。これは大きな魅力ではないだろうか。

2015年、一般社団法人国立大学協会は、「国立大学の将来ビジョンに関するアクションプラン」の中で、多様な人材を受け入れるため、AO入試や推薦入試枠の拡大をうたい、2020年度からは、「AO入試＋推薦入試で定員の5割の範囲」と改めた。

私立大学ならいざ知らず、これまで大学入試センター試験を受け、5教科7科目をクリアしなければ入学できなかった国立大学に、総合型選抜入試や学校推薦型入試で入学できるというのは朗報である。

しかも、国公立大学のすべてが参加している大学入学共通テストは、高校で2025年度から新しい学習指導要領で授業が行われることに合わせ、「情報」や「公共」、それに「数学C」といった新たな科目が加わる見込みだ。

そうなれば、7教科21科目の中から受験することになり、大学入試センター試験が大学入学共通テストに変わった以上に変革期を迎える可能性がある。

どうなるのか見えない記述式問題や民間英語検定試験の活用問題と合わせ、不透明な部分があまりにも多いのだ。

この年の前後に国公立大学を目指すのであれば、総合型選抜入試で挑戦するほうが負担とリスクが少なくて済むという見方もできる。

国立大学の初年度納入金は、入学金を含めると年間で軽く80万円を超える。公立大学も設置されている都道府県や市に住んでいなければ入学金が高くなる。

それでも、私立大学よりはるかに低コストで済む国立大学に子どもが通ってくれるなら、保護者としては大助かりだ。

新型コロナウイルス感染拡大が国内外の景気に大きな影を落とし、家計にも少なからず影響を及ぼしているウィズコロナ、アフターコロナの時代ではなおさらではないだろうか。

文部科学省が2019年12月に公表した「国公立大学入学者選抜の概要」では、国公立大学全体で「AO入試＋推薦入試」の募集人員が全体の2割を超え、なかでもAO入試の募集枠が増えている。

これが定員の5割近くまで拡大されれば、大手予備校の広告ではないが、いろいろな意味で「なんでわが子が国立に？」となる可能性が出てくる。

国立大学は、就職活動で学歴フィルターにかかることはまずない。「腐っても国立」なのだ。

「駅弁大学」などと揶揄されてきた地方の旧2期校であっても、企業の採用活動での評価は、悪くてもMARCH（明治大学、立教大学、青山学院大学、中央大学、法政大学）や関関同立（関西《かんさい》大学、関西《かんせい》学院大学、同志社大学、立命館大学）あたりの大学群と同等である。

もうひとつの魅力は、あとで詳しく述べるが、**早稲田大学、慶應義塾大学、それに上智大学の私学トップ校が狙える**という点だ。

このうち早稲田は幅広い学部で、今後、総合型選抜入試と学校推薦型入試枠を増やし、募集定員全体に占める割合を6割まで引き上げる方針だ。

逆に、一般選抜入試では、政治経済学部など3つの学部で、大学入学共通テストの受験が必須となり、「数学ⅠA」など私立文系型の受験生には負担が増えた。

慶應義塾は、2021年度入試から、SFC（湘南藤沢キャンパス）の総合政策学部と環境情報学部で受験機会を増やし、定員も200人から300人に増員することを決めている。

早慶のような付属校を持たない上智は、これまで指定校推薦や自己推薦型のAO入試「公募制推薦入試」を拡充してきたが、後者の場合、**英語の民間検定試験で各学部が定める基準をクリアしていれば、案外競争率が低く、狙い目となる学部や学科が多い**という特徴がある。

上智も大学入学共通テストの利用に踏み切り、一般選抜入試では負担増となっている。

逆をいえば、早慶上智の私学トップ校は、この先、一般選抜入試で狙おうとすれば、入学枠が減り、負担は増えて難化するということだ。

普通に受けて余裕で受かる状況でないなら、総合型選抜入試など別の形態で狙うことができないか検討すべきだ。

――旧来の「東大型入試」から「ハーバード型入試」へ

東京大学と京都大学が2016年度入試から、定員を100人に限定してAO型の入試を実施し、話題となったことがある。

東京大学の場合は推薦入試と呼ばれ、今の学校推薦選抜入試に近い方式。一方の京都大学は特色入試と名づけられ、現在の総合型選抜入試に近い形だ。

「東大か京大にAOで入れるの？」

受験生も受験界も一瞬沸き立ったが、どちらも当時の大学入試センター試験が課され、東大の場合、出願の際、論文や科学オリンピック等での受賞歴、外国語検定のスコアなどが必須。京大も「平均評定4・3以上」といった条件のほか、高い語学力の証明が必要な学部もあって、

「こんな高いハードルを越えられる学生なら一般入試でも受かるよ」

と感じた方も多かったのではないだろうか。

とはいえ、**東大の推薦入試や京大の特色入試はよくできた入試制度である。「高い学力**

の有無を測る＋人物を見る」入試制度だからだ。

ただ、私は一般選抜入試を否定するものではない。

一発勝負で決まる入試に対応するため必死で勉強することで得た知識は、将来さまざまな場面で役に立つ。

私自身もそうだが、「努力すれば花開く」という確信や、「努力をしても報われないときもある」といった世の中の厳しさも、受験を通じて体得できる。

逆に、出願書類と面接だけで合否が決まるハイパー・メリトクラシー的な選考の問題点は、就職活動を経て社会人になっている方であれば、身に染みて理解されているはずだ。

「なんであんなやつが受かって、私が落とされるのか？」

と嘆きたくなる選考基準の不透明感は、点数で決まる入試にはないものだ。

しかし、これからは「学力＋人物を見る」入試へとシフトしていく。

旧来の東大を頂点とした点数主義の入試から、現在の東大や京大型、もっといえば、アメリカのハーバード大学型入試へと変化していくということだ。

ハーバードをはじめとするアメリカの難関大学は私立だ。それらの大学は、「学力＋人物」で合否を決める。

たとえば、ハーバードでは「SAT」（全米共通テスト）の点数、課外活動などの実績、推薦状、そして大学側が設定するテーマで書かせて提出させる「エッセイ」、それに面接を合否の判断材料にしている。

日本とは異なり、AO入試専門の職員が合否を判定している点は、さすがアメリカだが、それでも、大金持ちの子どもなどが「SAT」の点数が低くても入学するケースが散見される。

私立である以上、経営の安定化のためには、富裕層やOB、OGがもたらす巨額の寄付金が生命線だからである。

「白熱教室」で知られるハーバードのマイケル・サンデル教授は、「アイビー・リーグの学生の3分の2は、アメリカの上位20%の収入の家庭出身」と、年収による社会の分断に警鐘を鳴らしているくらいだ。

日本の場合、国公立、私立を問わず、公平な入試制度が担保されてきた。

とはいえ、点数主義で学力を測るだけでなく人物についても見る入試にシフトする以上、決して視野が広いとはいえない教授陣の主観に頼る採点、合否の基準がブラックボックス化されたままの現状は変えていかなければならない。

この部分が改善されれば、**「学力＋人物を見る」入試は、学生の多様性を担保する入試制度として、今後、大学入試のメインストリームになっていくはずだ。**

総合型選抜入試のメリット①
高校生活は豊かになる

「学力＋人物を見る」入試が定着すれば、高校生や中学生を抱えたお父さんやお母さんの意識が変わっていくことになる。

これまで、わが子を少しでも偏差値が高い大学に入れたいと考えている親は、「部活動もいいけど、そこそこに切り上げて勉強してほしい」

こんな気持ちになっていたことだろう。

ところが、点数や偏差値で「見える化」される読み書き計算能力や知識の多寡だけでなく、子ども本人の総合力まで問われるとなると、塾や予備校漬けにしておくわけにもいかなくなる。

その背景には、総合型選抜入試で出願の際に求められる書類がある。

一般的な総合型選抜入試で出願に必要な書類

- 調査書
- 学校長の推薦書
- 自己推薦書
- 活動記録書
- 英語など外国語の民間検定スコア（成績）
- 大学が指定するテーマに関するレポート

これらの提出書類はいずれも合否の判定を左右する重要なものだが、とりわけ受験生の個性が色濃く出るのが自己推薦書や活動記録書だ。

当然のことながら、第2章で述べたように、

「放送委員会で○○の活動をしてきました」

「バスケットボール部のキャプテンとして県大会準々決勝まで導きました」

この程度のアピールでは、難関の大学であればあるほど通用しない。

先に述べたように、キャプテンでもないのに「キャプテンを務めてきました」などと話

を盛ることだってありうる。

いくら専門分野しか知らず、狭い世界で生きてきた教授でも、そのあたりはさすがに見抜く。

総合型選抜入試で1次試験となる書類選考を突破するためには、平凡な内容やウソで塗り固めた自己推薦書や活動記録書ではダメで、**心の中から誇れるような何かを表現する必要がある。**

「私は高校3年間を通じて、○○に挑戦した（○○を経験した）」

「その結果、こんな学びや気づきを得た」

「その気づきを、貴大学の△△学部で□□教授に学ぶことで、こんな形へとつなげたい」

先にも触れたが、このように、大学に入学後の未来へとつながるストーリーがつくれるかどうかが問われているわけだ。

そうなれば、塾や自宅で勉強漬けとはいかなくなる。

文化祭や体育祭の運営に没頭する、ボランティア活動にいそしむ、外国にテーマを持って出かけてみるといったオリジナルの体験が不可欠になってくる。

こうした体験を積み重ねれば、個々の高校生活が勉強一辺倒でもなければ部活動に明け暮れた3年間でもない、プラスアルファがある生活に変化する。

高校生活が豊かになり、さらにその結果として総合型選抜入試にも大きなアドバンテージが得られることになる。

総合型選抜入試のメリット②

「早慶上智」に手が届く

総合型選抜入試であれば、早慶や上智といった私学のトップ校が狙えると述べた。

まず上智大学から見ていこう。

文部科学省が指定する「グローバル30」の拠点大学のひとつに選ばれた上智は、推薦入試（公募制）の出願条件や競争率が思ったほど高くない。

あるAO専門塾のホームページには以下の文言が書かれているほどだ。


意外かもしれませんが、上智大学の公募制推薦入試は、**非常に低倍率**になっており、出願要件を満たし、書類試験と面接の対策を積めば決して合格は難しくないのです。

上智では9つの学部すべてで公募制の推薦入試を導入しているが、出願要件は、たとえば文学部国文学科や法学部法律学科、経済学部経済学科や理工学部物質生命理工学科で英検2級、TOEFL iBT なら42だ。

語学力が必要な総合グローバル学部や外国語学部イスパニア学科でも英検2級A、TOEFL iBT なら55となっている。

現在50代後半で、日ごろ英語を使う機会がない私ですら、数年前、京都大学の大学院入試で必要な民間英語検定のスコアを取得した際、この程度の数字はクリアできたので、**現役の受験生ならそれほど高いハードルではない数字だ。**

これに調査書、高校の校長による推薦書、自己推薦書、ならびに課題レポートを提出すれば、例年1・5倍から3倍程度の競争率を勝ち抜くことは可能だ。

慶應義塾大学はどうだろうか。

AO入試の草分けである慶應義塾の場合、文学部、法学部、理工学部、総合政策学部、環境情報学部、看護保健学部の6学部で総合型選抜入試を実施している。

もともと定員が少ない看護保健学部を除けば、各学部が100人以上の学生を総合型選抜入試で受け入れるのが特徴だ。

私学文系最難関といわれる法学部は、誰もが応募できるA方式、高い平均評定と地域性が考慮されるB方式ともに4倍から6倍程度、総合政策学部と環境情報学部も6倍から9倍となかなかの高倍率だ。

とはいえ、高校時代の活動報告書などを念入りに作成し、入試本番で問われる論述対策や面接対策をしっかりやっておけば、一般選抜入試では届かない学力の受験生でも十分合格できる入試制度なのだ。

総合政策学部と環境情報学部は、2021年度から、夏と秋に分けて実施してきた入試を1回にまとめたが、入試が年4回に増えている。秋入学に抵抗がなければ受験チャンスが多い点も魅力だろう。

募集定員は、それぞれ150人で合計300人という大枠だ。

文学部であれば募集定員が120人と多く、競争率もおおむね3倍以下のため、一般選抜入試で受けるより合格の可能性は高くなる。

慶應義塾の場合、一般選抜入試でも文系であれば英語と小論文が合否を分ける軸になる。一方で多数の科目で対策が必要になる大学入学共通テストの受験を課していないので、総合型選抜入試と一般選抜入試の併願がしやすい特徴もある。

まず**総合型選抜入試でいくつかの学部を受験してみて、合格できなかった場合は一般選抜入試で再チャレンジすればいい。**

早稲田大学の場合、総合型選抜入試の種類で異なる。

政治経済学部のグローバル入試や国際教養学部のAO入試は、民間英語検定の明確な基準が示されていないが、上智の基準より高くなければ合格はおぼつかない。逆に英語力があれば、他教科はまずまずでも合格に近づける制度だ。

法学部や文化構想学部などで導入されている「新思考入試」では、第2次選考合格者に大学入学共通テストの中で3科目の受験が課せられるものの、早稲田が早稲田らしくあるために、地方から人材を集めたい意図があるため、首都圏以外の受験生は狙い目となるだろう。

原則として各都道府県から1名以上の受け入れを目標としている社会科学部も地方の高校生には有利で、一般選抜入試より競争率も低くなる。

本書を手にされているみなさんの中には、

「総合型選抜って結構大変そう」

と思われる方がいるかもしれない。

しかし、各大学の学生募集要項やホームページで総合型選抜入試の項目を読めば、出願等はなんら難しくないことがご理解いただけるはずだ。

また、私は**模試の偏差値では55程度と、早慶上智には届かない高校生たちが、少しの指導で合格していく**姿を見てきたので、一般選抜入試より確実に合格を得やすい制度だと確信している。

総合型選抜入試のメリット③

難関国立大学も視野に入る

先に述べた国立大学に関しても補足しておこう。

大学入学共通テストの導入で大学入試が大きく様変わりした2020年度。国立大学では全体の7割を超える69大学、学部数で222学部が総合型選抜入試を実施した。

その中には、出願のハードルが高い東大や京大を除いても、北海道大学（医学部医学科や工学部など5学部）や東北大学（文学部や法学部、医学部など10学部）、大阪大学（人間科学部や理学部など6学部）や九州大学（共創学部や教育学部など11学部）といった旧帝大系、そのほかにも筑波大学やお茶の水女子大学、それに千葉大学や神戸大学といった難関国立大学も含まれている。

「学力不問のＡＯ入試はＮＧ」ということで衣替えした総合型選抜入試なので、**国立大学の中には大学入学共通テストを課すところもあるが、条件的に緩やかな大学も散見される。**

たとえば、東北大学の文学部や法学部などを総合型選抜入試（ＡＯⅡ期）で受験した場合、大学入学共通テストは課せられない。1次が出願書類と筆記試験、2次が筆記試験と面接で合否が判定される。

新フンボルト入試と銘打って実施されているお茶の水女子大学では、文系の場合、プレゼミナールという大学の授業を受講し、そこでのレポートや出願書類で1次選考が行われ、2次選考では図書館を舞台に文献や資料を使いながらのレポート作成やグループディスカッションで判定が行われる。

理系の場合はプレゼミナールがなく、レポート作成は図書館ではなく、実験室で実施される。

いずれもペーパーテストでは測れない潜在力を丁寧に見極める入試で、私は総合型選抜入試の中では、最も進んだ方式と見て注目している。

筑波大学も、定員は若干名だが、人文・文化学群や生命環境学群などで総合型の入試が実施され、自己推薦書や志望理由書、それに面接で合否を決めている。

どの大学を受験するにせよ甘く見てはいけないが、**大学入学共通テストが課せられないというのは心理的に楽だ。**

新型コロナウイルスや季節性インフルエンザの影響をあまり受けず、国立大学合格が視野に入るという点は何よりのメリットだ。

総合型選抜入試に向いている子、不向きな子

ここまではＡＯ入試に代わる総合型選抜入試の概要とその魅力について述べてきた。では、総合型選抜入試に向いている子はどういうタイプなのだろうか。

総合型選抜入試に向いている子のタイプ

■志望校が明確で、「どうしてもこの大学で学びたい」という熱意がある子。
■将来、つきたい仕事が漠然とでも見えている子。

■自分独自の「世界観」を持っている子。
■文章力があり、人前で発表するのが得意な子。
■行動力がある子。
■部活動や委員会で、リーダーを務めたり、周りに語れる経験を持っていたりする子。
■保護者から見て、学力以外の部分で評価できる点がある子。
■ほかの教科はさておき、英語だけはできる子。

逆に、不向きな子はどういうタイプだろうか。

総合型選抜入試に向いていない子のタイプ

■主要科目がまんべんなくでき、面接や小論文で勝負するより、大学入学共通テストや各大学の個別試験で高得点が狙える子。
■自分についてや、自分の将来に関して何も考えていない子。
■志望校に関して「自分の成績で行けるところでいい」と考えている子。

■やりたいことはあっても行動が伴わない子。
■学力は高いが、人前で話したり周りを引っ張ったりすることが苦手な子。
■部活動や委員会、学校以外の活動でとくに成果を上げていない子。
■基礎学力が心もとなく、とくに英語の成績が悪い子。

高校生を指導してきた経験則からいえば、これらのうち複数に該当する子どもは受験生の総合力が問われる入試では苦戦することになる。

しかし、これまで私が早慶や国公立大学に送り込んできた高校生の多くは、どちらかといえば、当時のＡＯ入試に向いていないタイプの子どもだった。

それでも、

「僕はＡＯ型で志望校を目指す」

「私は総合型選抜入試で受けたい」

という気持ちにさえなってくれれば、向いていない要素の大半は改善される。

お父さんやお母さんが、総合型選抜入試について少しだけ知識を持ち、

「総合型選抜入試だったら、行きたい大学に合格できるかもしれないよ」

などと水を向けることがスタートラインだ。

そもそも自分がやりたいことや将来像がはっきり見えている高校生などほとんどいない。その一方で、子どもは個々にポテンシャルを持っているので、「何をするのが好きなのか」「何が比較的得意なのか」などを突きつめていけば見えてくるものだ。

そして、親が子どもの「得意なこと」や「好きなこと」を応援する姿勢を見せれば、総合型選抜入試で結果を出す素地はできる。

基礎学力や英語力は、どのみち一般選抜入試でも問われるので、これはこれでしっかり勉強する形が取れれば、総合型選抜入試は決して高いハードルではない。

大学側と「FIT」することがいちばん大切

2006年度から始まった慶應義塾大学法学部の総合型選抜入試（FIT入試）の入試要項に、総合型の趣旨を物語るにふさわしい文言が記載されている。

本来、入学試験とは、受験生の側が、自分の信じる理想と現実とをつきあわせて主体的に将来設計を行った末に抱く「この大学で、この学問を学びたい」という思いと、教える側の教員が、大学の社会的使命を自覚しつつ「こういう若者を、こういう方向で育て、社会に送り出していきたい」という思いとのマッチングから行われるべきものなのではなかったでしょうか。

慶應義塾のＦＩＴ入試は、この文言にもあるように、「この学生を教えたい」という教員と、慶應義塾の法律学科や政治学科で学びたいという学生との間の良好な相性（ＦＩＴ）を実現するための入試制度だ。

ただ、この意図は慶應義塾に限ったものではなく、**総合型選抜入試で志望校を目指す受験生すべてに求められるものだ。**

したがって、

「僕（私）のやりたいことはこれだ。それを実現させるために、○○大学△△学部で□□を学びたい」

という思いが芽生え、大学側に自己推薦書や活動記録書、あるいは志望理由書などの出願書類で強くアピールできれば、合格が現実のものとなりやすい制度だ。

わかりやすい例をひとつ挙げてみよう。

次の文章は、数年前に私が指導していた男子高校生が成蹊大学経済学部のＡＯ入試で志望理由書として作成したものだ。

彼は１次試験を突破したものの、結局、先に某公立大学にＡＯ入試で合格したため、そちらに入学を決めたのだが、これから一部を紹介する志望理由書は、十分に成蹊大学の教員にアピールでき、「この学生を教えたい」というＦＩＴを生じさせる内容だと思うので参考にしていただきたい（ルビは引用者）。

私の夢は、日本から海外へ留学する高校生や大学生、また逆に諸外国から日本へ留学する若者を支援するＮＰＯを立ち上げることだ。そのために財務会計論や経営戦略論、そして人的資源論などを学びたいと考えている。

きっかけは、ニュージーランドへの留学経験によるものだ。私がお世話になった現地のエージェントは、主にアジアからの留学生をオークランド等の学校に送り込む事業を手掛けていたが、スタッフ不足で平日の日中しか相談に乗ってもらえず、メンタルケアを担当するスタッフも皆無という状態であった。

日本学生支援機構によれば、日本から海外に留学している人の数は約9万人。逆に来日する諸外国からの留学生も24万人を数える。それ自体は歓迎すべきだが、その支援にあたる組織の脆弱《ぜいじゃく》さは大問題だと実感してきた。

その解決のために、組織を立ち上げる上で必要な学びを、経営学の講義やゼミなどを通して得たいと考えている。

貴学のホームページで目に留まったフレーズがある。それは、「現代社会で自らの個性と能力を発揮するために必要なのは、『問題を発見し、仮説を立て、データに基づいて解明・提案する』力」というものである。

確かに、課題は発見できたとしても、その背景について考え、具体的なエビデンスを集めて結論を導き出せなければ何の説得力も持たない。

貴学の経済学部経営学科には、私が師事したいと思える教授陣が揃《そろ》い、2年次からゼミが履修できるように配慮されている。その中で、アドミッション・ポリシーで明記されているように、「教員と学生、学生同士の討論形式で学ぶことができる」のは、私にとって大きな財産になるのではないかと思う。

私は貴学部経営学科のゼミを、未熟な部分について厳しい指摘を受け、数々の気づきを得るアリーナ（闘技場）のような場として利用し成長していけたらと考えている。

（以下略）

いかがだろうか。過去の具体的な体験→それから得た現在の思い→大学入学後の未来で何を学びたいかが凝縮されているため、合否を判定する成蹊の教授陣も「この学生なら」と感じてくれたはずだ。

彼も最初はなんの目標もなく、高校3年になって志望校すら決まっていなかったが、「ニュージーランド留学」という唯一の経験から、今、自分がやりたいと考えていることを整理しただけで、ここまでの文章が書けるまでに成長した。

もちろん**留学体験などなくてもFITにつながる文章は書ける。**そのコツはのちほど詳しく述べることにしたい。

総合型選抜入試で「21世紀型学力」を習得できる

2017年1月、文部科学省の高大接続プロジェクトチームは「高大接続改革の動向について」と題した報告書をまとめた。

その中に、社会で必要とされる学力の3要素として、「知識・技能の確実な習得」「思考力、判断力、表現力」、それに「主体性を持って多様な人々と協働して学ぶ態度」と明記している。

これらは従来、21世紀型学力として掲げてきたものだ。

国際化や社会問題のボーダーレス化が一段と進む時代を生き抜くためには、基礎的な学力をしっかりつけたうえで、自分で考え、判断し、表現する力、そして「主体性・多様性・協働性」といった実践力が不可欠と明記したわけだ。

私は、**学力を問う試験を伴う総合型選抜入試は、これに挑戦させることで「学力の3要素」を習得する絶好の機会になる**と思う。

なぜ総合型選抜入試で「学力の3要素」を習得できるのか
——一芸入試ではなくなったこと

志望する大学が大学入学共通テストの受験を必須条件にしていたり、独自の小論文試験を課す場合、それに対応できるよう知識や技能を磨いておいたりする必要があるため。

――自己推薦書や活動記録書などの提出が必須であること

自分を見つめ直し、将来像について深く考え、自分のアピールポイントを大学側が指定した書式の中で最大限表現することが求められるため。

――グループディスカッションを課す大学が増えたこと

あるテーマについて何人かのチームで方向性をまとめるには、積極的に参加する主体性や自分とは違う意見を持つ人の声を聞く多様性、それに、チームの考えを総合して結論を出す協働性が問われることになるため。

つまり、知識の量や読み書き計算能力が問われる一般選抜入試対策では身につけることが難しかった学力が、総合型選抜入試と向き合うことでおのずと身につくということだ。

このことは、先々の就職活動でも大きな武器、そして経験になる。いくつかの企業の新卒者選考の流れを見てみよう。

就職活動の選考の流れ（新型コロナウイルス感染拡大前の選考フロー）

――三井物産

ＯＢ訪問→ＥＳ（エントリーシート）提出→筆記試験→1次面接→グループディスカッション→2次面接→3次面接→内定

――テレビ朝日

ＥＳ提出→Ｗｅｂテスト→筆記試験→1次面接→グループディスカッション→2次面接→ジョブ（グループで動画撮影）→人事面接→最終面接→内定

――オリエンタルランド

ＥＳ提出→Ｗｅｂテスト→グループディスカッション→1次面接→ジョブ（グループで課題発見、問題解決）→最終面接→内定

これらの企業の選考フローは、自己推薦書や活動記録書などで選抜されたあと、筆記試験（大学入学共通テストや小論文など大学独自の試験）やグループディスカッション、教授陣との面接で合否が決まる総合型選抜入試と類似している。

これが、「大学を受けるなら総合型選抜入試で」と強くすすめる理由でもある。

一般入試組にはない弱点もある

ここまでは総合型選抜入試のプラス面を中心に述べてきたが、マイナス面についても触れておきたい。

総合型選抜入試のマイナス面

■ウィズコロナのような時代は個々の受験生がアピールしにくい。
■一部の大学を除いて併願がしにくい。
■学力を問う入試に変更されるとはいえ、一般選抜入試組より基礎学力で劣る側面は否定できない。

私が受験生を指導し、その後の数年間を見ていて感じるのは、これら3つだ。
まずは、新型コロナウイルスの感染拡大が続いているようなケースである。
新規感染者の数が春先だけでなく冬になっても増加した2020年度、総合型選抜入試の出願者が前年を下回る現象が起きた。

これは、スポーツや文化面での大会が軒並み中止、あるいは規模縮小になって、高校生活の活動実績をアピールできない受験生が増えたためだ。

夏休みにボランティアをしたり、海外で新たな経験をしたり、といったこともできなくなり、**受験生からすれば、自己推薦書や活動記録書に書く内容が乏しくなったというのも、コロナ禍のひとつかもしれない。**

コロナ禍以外にも、地震や水害などに見舞われた場合、予定していたことができなくなり、アピール材料が乏しくなって、一般選抜入試に切り替えざるをえなくなる危険性があることも想定しておきたい。

2つめは併願がしにくいという問題だ。

出願の際には、学校長の名でもらう調査書や、大学によっては担任教諭の推薦書が必要になる。大学側は、「合格したら必ず入学する」ことを念頭に選抜するため、高校側も「合格したら必ず入学させる」ことを前提に書類を作成する。

したがって、高校の多くは「A大学とB大学に出願したい」は認めず、「A大学の不合格が決まってからB大学用の書類をつくる」という形にしている。

受験生からすれば、試験の点数だけでは決まらないハイパー・メリトクラシーの入試に事実上、一発勝負で臨むというリスクを抱えることになる。

首尾よく合格できた場合でも、

「手始めにA大学を受け、その合格を保険にして本命のB大学に」

と考えている受験生は、A大学に合格すればB大学は受験できず、悶々《もんもん》とした気持ちのままA大学に入学することになったりもする。

私が面倒を見ている受験生の中には、一般選抜入試とかけ持ちしている子もいるが、**総合型選抜入試の出願書類づくりは過酷で、完璧なものに仕上げようとすればするほど、大学入学共通テスト対策に時間が割けなくなる**というのが実情だ。

たとえば、総合型選抜入試で早稲田を受ける受験生が、もしもに備え、一般選抜入試の対策も進めるとすれば、そちらのほうは、早稲田やそれに匹敵する国公立大学よりワンランク落ちる大学しか合格できないリスクも覚悟しておこう。

3つめは、総合型選抜入試組の場合、一般選抜入試組と比べれば、どうしても基礎学力で劣るという点だ。

「多くの科目を勉強して大学入学共通テストを受け、国立大学に入りました」

といった受験生に比べれば、教科学習量は少なくなる。

先に述べたように、これまでAO入試と呼ばれていた入試制度で入学した学生のほうが、一般入試組より大学での成績はよいという側面はあるのだが、教科学習量が少なかった分、そして早々と合格を決め、クラスメートが必死で受験勉強をしている間、のほほんと過ごしてしまった分、一般的な読み書き計算能力や、数学、物理、化学、日本史、世界史、地理といった基礎学力は、一般入試合格組より劣ってしまう。

このことは、数年後、国家公務員試験や地方公務員試験を受ける際、あるいは民間企業への就職活動で、SPI（総合適性検査）と呼ばれるWebテストや筆記試験に臨む際に少なからず不利になる。

「これって『つるかめ算』だよね。どう計算するんだっけ？」

「物理なんて高校2年以来やってないし、世界の地理なんて全然わからない」

などということになりかねない。

保護者としては、せめて**高校2年生までの各教科の評定を上げる、総合型選抜入試で早々と合格が決まっても教科学習は続けさせ、高校卒業までの長い日々をだらけさせない工夫が必要になる**だろう。

Column

新入試のリアル 3

総合型選抜入試なら2番手、3番手の高校で大丈夫

保護者の中には、高校入試や中高一貫校入試の際、親子で目指していた第1志望校に合格できず、地域の2番手、3番手校、あるいは第2、第3志望校に入学したモヤモヤ感を引っ張っている方がいる。

はっきり申し上げて、総合型選抜入試で大学を狙うなら、むしろ有利に働く可能性があるのでコンプレックスは持たないでいただきたい。

たとえば、地域のトップ校で平均評定「4・1」を取るのは至難の業だが、2番手校や3番手校なら比較的取りやすい。高校があまり屈指の進学校でないほうが、出願基準を満たし、調査書でも印象がよくなる場合がある。

難易度の高さより「国際コースがある」「先進的教育を実施している」、大学付属系に多い「プロジェクト学習」や「プレゼンテーション授業」がある学校のほうがプラスに働く。地道に学校の定期試験の成績を上げ、別途、小論文対策などを講じるべきだ。指定校推薦が多い高校であれば、上位の大学に早々と合格しやすくもなる。

第4章

「難関校」を目指すのは大学からでも遅くない

――早慶は大学がいちばん入りやすい

「大学入学共通テストで導入されていく記述式、英語など語学の民間検定試験の活用方法、そして国公立大学の多くが2次試験で増やすといわれる小論文や面接。得体が知れない分、指導が難しい」

「AO入試が総合型選抜入試と名前を変えても、結局は出願書類や小論文、面接やグループディスカッションがメイン。勉強ができる生徒も落ちているし、得体が知れない」

学校教育の現場で聞かれる言葉である。

少し話をしていると出てくるフレーズが、

「得体が知れない」

「対策が難しい」

というものだ。

しかし、それをいうなら、運動や基礎的なペーパーテスト、親子面接などで合否が決まる小学校受験はもっと得体が知れない。

また、中学受験も、近ごろでは入試で英語を課す学校が増え、大学入試改革に合わせて、思考力を測る問題が頻出している点で得体が知れないといえるだろう。

同じように、高校受験も思考力型入試が増えつつあるという点では、ハイパー・メリトクラシー的な、十分得体が知れない入試に変わりつつある。

どの段階で受験をしても得体が知れないのであれば、私は大学入試で勝負するのがいちばんリーズナブルだと考えている。

たとえば、首都圏でとくに人気が高い早慶入試だ。

私学ツートップといわれる早稲田と慶應義塾は、親の間で「難関ではあるが、頑張れば手が届く」対象として捉えられてきた感がある。

それゆえに、両大学の付属校や系属校は、小学校、中学校、高校、いずれの段階でも難易度が高い。

小学校でいえば、早稲田実業学校初等部、慶應義塾幼稚舎、慶應義塾横浜初等部の3校の競争率は男女ともに10倍前後に達する。

早稲田実業学校初等部と慶應義塾横浜初等部こそ、1次試験で筆記試験が課せられるものの、それぞれ親子面接、集団テスト、運動や行動観察といった、評価基準がわかりにくい厄介な考査が存在する。

明確に点数で決まる中学受験や高校受験も、早慶の付属校や系属校はいずれも最難関だ。コロナ禍で安全志向が高まり、志願者数が減ってもそれは変わらない。

どうしても早慶の大学に進ませたいなら、早稲田佐賀、早稲田摂陵、早稲田渋谷シンガポール校、慶應義塾ニューヨーク学院が狙い目だが、学校によっては、大学への進学者の割合、高い学費や親元を離れての生活費も考慮しなくてはならない。

こうした点を考えると、**「最終的に早慶」というなら、大学入試の段階で、競争率が思ったほど高くはない総合型選抜入試で狙わせるのが最もリーズナブルだ。**

総合型選抜入試も得体が知れない点では同じだが、定員の厳格化や大都市圏で猛威を振るった新型コロナウイルスの影響で、東京の難関私立大学は、一般選抜入試も含めて敬遠されている。その分、勝ち目がある。

同じことは、難関の国立大学に入学させたいと考えている家庭にもいえる。国立大学も、しばらくの間は「地方回帰」が進むことが予想されるからだ。

また、今後、各大学で総合型選抜入試での入学者枠が増えることを思えば、中学や高校の段階で早慶と決めず、大学入試の段階で、東大をはじめとする国立大学、あるいは国立私立を問わず、医学部、芸術系の学部など**広い選択肢の中から選び、総合型選抜入試で狙わせるという作戦もあるのではないだろうか。**

英語さえできれば難関大学合格が見えてくる

文系でいえば、「難関大学を制するかどうかのカギは数学」といわれる。同じように、**総合型選抜入試で難関大学を目指すなら、英語ができるかどうかが大きなカギになる。**

これは、一般選抜入試で東大などを目指す際、理系はもとより文系であっても数学の出来、不出来が合否を左右するのと同じだ。

逆をいえば、文系で総合型選抜入試を受ける場合、英語さえできれば、第1章で述べた上智大学だけでなく、早稲田大学などの入試でも大きなアドバンテージになる。

早稲田大学の総合型選抜入試での出願書類
――政治経済学部グローバル入試

志願票、活動記録報告書、活動内容証明書、各種証明書（高校調査書等）、英語能力に関する試験結果。

――**社会科学部グローバル入試**

志願票、出願資格の証明書類（内申書、卒業見込証明書等）、志望理由書（エッセイ。英語学位プログラム出願者のみ提出）、海外活動報告書（日本語学位プログラム出願者のみ提出）、海外活動経歴証明書、英語能力に関する試験結果。

これらのほか、文化構想学部の日本文化論プログラムや国際教養学部を受験する場合も、英語能力に関する民間検定試験のスコアが必須だ。

国立大学の中で大学入学共通テストを課さない形式で実施される総合型選抜入試についても見ておこう。

東北大学の総合型選抜入試での出願書類

――**文学部、法学部、医学部医学科、歯学部、工学部など**

入学志願書、志望理由書、活動報告書、さまざまな分野や領域における活動によって得た成果や修得した能力を示す書類（語学のスコア、表彰状、新聞記事等）。

千葉大学の総合型選抜入試での出願書類
――法政経学部法政経学科経済学コース

志願票、調査書、志望理由書、外国語検定試験の合格証書。

静岡大学の総合型選抜入試での出願書類
――人文社会科学部経済学科

自己推薦書、調査書、英検準2級以上の合格証明書。

大学入学共通テストの受験を免除している大学の中には、九州大学共創学部のように、英語の民間検定試験のスコア提出を必須としていない大学もあるが、多くはこのように英語の能力を重視している。

私が指導してきた高校生の中には、英語だけが強く、あとはからっきしダメという生徒がいたが、当時、ＡＯ入試と呼ばれていた選抜試験では好結果を残している。

総合型選抜入試は、文字どおり受験生の総合力が試される試験なので、ほかの出願書類も手が抜けないが、**英語が得意な子どもであれば絶対的に有利になる。**

逆に、英語が不得手であるにもかかわらず総合型選抜入試での合格を目指す場合は、英語力対策に力を入れることが合格の確率を高めることに直結する。

――いまだ残る「一芸入試」の要素

先に述べたように、文部科学省は「学力試験を課さない従来のAO入試ではダメ」だとして、2021年度入試以降、AO入試を総合型選抜入試、推薦入試を学校推薦型選抜入試へと名称を変えた。

では、従来の「一芸入試」的な要素がなくなったのかといわれると、そうでもない。

基礎学力の有無は、出願書類での高校での平均評定や、大学によっては大学入学共通テストでの必要な科目の得点によって測るが、学校側が作成する調査書、受験生本人がつくる自己推薦書や活動記録書、そして入試本番での面接や小論文、グループディスカッションによって合否を決める大学が多いのだ。

東京大学法学部を例に見ておこう。

東京大学法学部（募集定員10名）

――推薦要件

❶学業成績に秀でていること。（第3学年第1学期までに履修した全教科（美術などの実技技術科目を含む）の学業成績に基づいて、志願者が文系・理系を含めた学年全体で上位概ね5％以内であること）
❷現実の中から本質的な問題を発見し、独創的な形で課題を設定する能力を有すること。
❸問題の解決に向けてイニシアティブを発揮できること。
❹異なる文化的背景や価値観を有する他者とのコミュニケーション能力に優れていること。

――学部が求める書類・資料

❶在学中に執筆した論文で、志願者の問題発見能力・課題設定能力を証明するもの
❷社会に貢献する活動の内容を具体的に証明する資料（表彰状、新聞記事等）
❸留学経験など、志願者が異なる文化的背景や価値観への理解を有することを示す資料（留学の事実を証明する資料、外国人との交流や支援活動を行ったことを示す第三者

の推薦状など）
❹国際通用性のある入学資格試験における優秀な成績を証明する資料（国際バカロレア、SAT など）
❺外国語に関する語学力の証明書（TOEFL、英検、IELTS、TestDaF、DALF、HSKなど）

などです。

募集要項に書かれてあるこれらの記述を見れば、「これはハードルが高い」と思う文言が並ぶ。

しかし、被災地ボランティアなどを真剣にやってきた子ども、留学経験がある子ども、さらにいえば先の項で述べたように英語だけ飛び抜けてできる子どもなら、この条件はクリアできる。

しかも、募集要項には、

「以上はあくまでも例示であり、志願者が本学部の推薦要件に合致することを証明できる資料であれば、上記以外の資料でもかまいません」

と付記されている。

つまりは、「グローバルな視野から国家・社会に強い関心を持っている」など、法学部が求める人物像に合致するよう書類を作成すればいいということになる。

しかも、**東大や京大の場合は、大学入学共通テストの受験も必須となるため、一般選抜入試との併願も難しくない。**

立教大学経営学部国際経営学科の自由選抜入試（立教の総合型選抜入試）でも、文化・芸術・スポーツ分野で国際大会や全国大会で上位の成績、あるいはボランティア活動や校外活動で指導的役割を果たしたなどのいずれか、そして語学のスコアの提出は不可避になる。

中堅レベルの東洋大学の総合型選抜入試においても、課題論文の提出や語学のスコア提出は必須になる。

提出する語学のスコアこそ大学によってレベルの差はあるものの、どのレベルの大学を受けようと、「キラリと光る実績」を証明できる子どもは優位になるというのが、総合型選抜入試の昔も今も変わらない最大の特徴なのだ。

ただ、首都圏や関西圏のような大都市圏とは違い、周りに留学する子どもが少なく、民間英語検定試験を受けたくとも会場が遠く、ボランティアをするにも交通網などが整備されていない地方の子どもにはハンディがある入試ともいえる。

その分、先に述べた**早稲田大学や慶應義塾大学のように地方の高校生に配慮した総合型選抜入試もある**ので留意しよう。

――大学まで受験は「2回」がベスト

この項では、就学前の子どもや小・中学生をお持ちのお父さん、お母さんに向けて「どの段階で受験させるのがベストか」に触れておきたい。

「子どもはすでに高校生」

という親は読み飛ばしていただいて構わない。

結論からいえば、**小、中、高、そして大学と進む中で、子どもの受験は「2回」がちょうどいいと思っている。**

わが家のように小学校を受験した場合は、あとは大学入試。中学受験をした子どもなら次は大学入試。受験することなく義務教育9年間を公立校で過ごしてきたケースであれば、高校入試と大学入試といった具合に、である。

これが1回だと少ない。首都圏や関西圏では有名私立大学の付属小に入れ、エスカレーター式に大学まで、というパターンが散見されるが、大学での成績が優秀だったり、起業するなど斬新な行動に出たりする学生も付属小出身者なら、基礎学力が乏しいと感じる学生もまた付属小出身者だ。つまり、勉強しない子どもはとことんしなくなる弊害を抱える。

3回になると、幼少期から思春期が受験対策で埋まってしまう。

スポーツや文化活動に打ち込んだり、得意なことや好きなことを伸ばしたりする機会を失ってしまうかもしれない。

お受験失敗組や中学受験失敗組の中には、次の段階でリベンジしようと、それぞれ中学受験や高校受験をさせる家庭もあるが、子どもにとってはつらい選択だ。

したがって、受験は2回がベストで、**お父さんやお母さんは、この2回をどの段階でさせるのか、大学入試改革や社会構造の変化、そして家計の状況を見ながら冷静に判断していただきたい。**

首都圏や関西圏では、「ゆとり教育」が導入されたころから、小学校受験や中学受験が活況を呈してきた。

近ごろでは、大学入試がどのように変わっていくのかわからない不安、そして文部科学省が大都市圏への人口流入を抑える観点から、私立大学の定員厳格化路線を進めたこともあって、有名私立大学の付属校人気が高まり、高値安定の早慶はもちろん、MARCHや関関同立といった大学の付属小や付属中が高倍率となっている。

しかし、首都圏で公立小以外の学校に子どもを通わせている家庭の割合は、東京ですら5％に満たない。関西圏にいたっては最も高い京都府で4％である。

中学受験でいえば、首都圏で15％から16％、関西圏で10％の家庭が受験をさせているが、逆をいえば8割から9割の家庭が中学受験をしていない計算になる。

「今、お受験が熱い！　中学受験ブームも再燃」

といったマスメディアの報道に乗せられる必要などさらさらないのだ。

文部科学省の「子供の学習費調査」（平成30年度＝2018年度）によれば、公立の小学校に6年間通ったときの費用は200万円以下で済むが、私立校の場合は約960万円もかかる。

大学卒業まで計算した場合、オール国公立だと1000万円あまりなのに対し、オール私立の場合は、大学が文系だとしても約2500万円もかかることになる。子どもが2人いれば単純計算で約5000万円が教育費に飛んでいくことになる。

右肩上がりの収入が約束されているような職種ならともかく、**新型コロナウイルスの影**

響などによって、これから社会がどう変わり、自分の仕事や収入がどのようになるかわからない今、無理をして挑戦させる必要はない。

とはいえ、とくに中学受験をしない選択をした場合、以下の点に注意が必要だ。

中学受験をしない場合の留意点

――中学受験をした子どもとの学力格差

❶小学生時代の基礎学力が問われ、試験科目に英語を加えたり、大学入試改革に合わせて思考力を問う問題が増加していたりする中学受験を見送れば、対策を講じてきた子どもと、そうでない子どもの間で学力格差が生じる可能性がある。

❷「思考力・表現力・判断力」を問う問題が頻出している3年後の高校入試対策という点でも後れを取る。

――完全中高一貫化で高校募集がない私立校や公立校の増加

「渋谷教育学園渋谷に入りたいのに募集がない」「六甲学院高に行きたいのに受験できない」といったリスクを抱える。これは公立中高一貫校も同様。

たとえば首都圏には約300の私立中高一貫校があるが、そのうち3割が英語入試を導入し、実に4割が思考力を試す出題をしている。

中学受験をしないなら、子どもの基礎学力の徹底を図ると同時に、これまで述べてきたように家庭での対話を増やして、自分の頭で考え、表現できる子どもに育てる工夫は必要になる。

――中高で目指すなら有名私大付属校

小学校の段階で娘を有名私立大学の付属小に通わせた私がいうのは説得力を欠くかもしれないが、**あまりに早くエスカレーターに乗せるのはおすすめしかねる。**

先の項で述べたように、勉強しない子はとことんしなくなって追いつけなくなり、中学や高校進学の段階で他校への転校をすすめられたり、高校で留年させられたりといった憂き目に遭うケースもある。

ただ、**有名私立大学の付属中であれば、個人的にはおすすめしたい。**

入試の難易度は高くない代わりに、大学進学では系列以外の大学に進む生徒の割合が高いところも多々あるからだ。

有名私立大学の付属中・高をおすすめする理由

――大学への内部進学資格を留保したまま、他大学受験ができる学校が増加

首都圏では、明治、中央、法政、学習院、成蹊、明治学院、日本女子、大妻女子、共立女子の付属校など。関西圏では、関西、同志社、立命館、甲南の付属校など。「系列の大学にない学部であれば」「2大学2学部まで」、あるいは「高校3年の12月までに結果がわかる総合型選抜入試や学校推薦型選抜入試であれば許可する」といった条件つきの学校もあるが、内部進学という「保険」を持ちながら他大学を受験できるのは魅力。

――内部進学資格の留保はないが、他大学の受験を支援してくれる学校も増加

どの中高一貫校も「進学実績」という形で中学受験層にアピールしたいため。前述した早稲田系列の早稲田中・高や早稲田佐賀中・高なども、東大など他大学への進学に力を入れている。

――落ちこぼれない限り、系列の大学に進学できる

「東大、京大」のような金メダルには届かなくても、銀メダルや銅メダル、入賞レベルの成果は期待できる。

有名私立大学の中高一貫校であれば、進学面ではこのような期待が持てる。大学入試改革の混乱や大都市圏の大学の定員厳格化の波に飲まれることなく、中高6年間をのびのびと過ごすことができるほか、「一発狙い」の子どもや「医歯薬系（芸術系）に行きたい」と思う子どもであれば、学校側のサポートも期待できる。

コストの面でも、**所得しだいで高校無償化の恩恵が受けられ、「系列の大学でいい」と思えば塾代や予備校代などはかからない。**

加えて、付属校は卒業生を招いての講演会やプロジェクト型学習、ディスカッションやプレゼンテーションの授業に多くの時間を割いている。

海外研修なども積極的に行うなど、まさに子どもの「思考力・表現力・判断力」、そして「主体性・多様性・協働性」を育むカリキュラムが充実している。

それは、子どもの「総合力」や「人間力」の育成にかなり寄与すると思うし、同時に

「大学で外に出よう」と考えた場合、総合型選抜入試や学校推薦型選抜入試でアドバンテージにもなる。

なぜなら、日々の授業が、総合型選抜入試などで問われるグループディスカッションなどの練習になるからだ。

私の娘も、有名私立大学の付属小から付属の中学、高校と進み、大学では系列以外の慶應義塾大学へと進学したのだが、その素地は、付属校生活で培われたといっても過言ではない。

部活動や校外での活動に打ち込めたほか、海外に出て見聞を広げることができたのは、**「最低でも系列の大学には行ける」という安心感**からで、そういう経験を重ねることができたからこそ、「総合力」や「人間力」を問うというハイパー・メリトクラシー的な当時のAO入試で勝負できたのだと実感している。

有名私立大学を系列に持つ中高一貫校は、案外コスパがいい学校ともいえるので、近くにある場合は、検討の対象に加えてもいいのではないだろうか。

ただ、その際に気をつけておくべきことも列記しておく。

有名私立大学の付属中・高を選ぶ際の留意点

―大学への内部進学基準を見る

学業成績以外の部活動なども含めた総合点で学部を振り分けたり、民間英語検定試験での基準点クリアや「卒業論文」「自己推薦」を課したりするところも。何割が大学に内部進学しているかだけでなく、その条件も確認しておくこと。

―大学の学部ごとの進学者数を確認する

医学部には何人行けるのか、法学部はどうか、など人気学部への進学者数を確認しておく。高校で下位に甘んじると不人気学部への進学が待っている。

―日東駒専の付属校は進学校が多い

先の項で有名私立大学の付属校の長所について述べたが、中堅私立大学の日東駒専クラスの付属校はどうだろうか。

「付属校なら早慶かＭＡＲＣＨ、関関同立に」と考える方が多いと思うが、実は日東駒専、関西圏でいえば産近甲龍クラスの付属校もおすすめなのだ。

なぜなら、**それらの付属校は押しも押されもしない進学校だからである。**

このように、付属校であっても他大学に進学している割合は高い。専修大高は内部進学率が毎年8割から9割と高いが、同じ専修大学の付属校でも専大松戸高だと内部進学率は十数%まで下がる。（図表3）

［図表3］**日東駒専付属校別進学率**

	内部	他大学
日大高	50%台	40%台
日大二高	30%台	50%台
東洋大牛久高	40%台	40%前後
駒澤大高	70%前後	20%台
専修大高	90%前後	10%前後

出典：各校ホームページから筆者まとめ

多くの付属校で他大学への進学に力を入れ、北海道大学や東北大学などの旧帝大、それに医歯薬系の大学、学部にも合格者を出している。

内訳は各校のホームページ「進学実績」で確認できるが、**地方で進学校と呼ばれる公立校より高い実績だったりする。**

成蹊、成城、玉川学園のように、中学と高校が大学とキャンパスをともにしているようなところでも、5割から8割の生徒が他大学に進学している。

関西圏の産近甲龍こそ内部進学率が高いが、いずれも京都大学や大阪大学などの難関国立大学、関関同立をはじめとする難関私立大学に合格者を出している。

私は、これらの大学付属校は「買い」だと感じている。

前述したように、文部科学省は2016年以降、東京一極集中を是正し、地方創生の名の下に、大都市圏の私立大学の定員厳格化を進めてきた。

2018年5月には、東京23区内の私立大学の定員増を2028年3月末まで認めないという愚かな法案まで成立したことで、大学受験者だけでなく、中高一貫校の受験動向まで変化が生じている。

早慶志望者はMARCHに、MARCH志望者は日東駒専に流れているのである。

某大学の学長に取材をすると、

「今年は受験生が増えて、例年より3億円ほど儲かった」

といった声が聞かれるのは、定員厳格化という愚策によるトリクルダウン（上から下に滴り落ちる）現象の結果だ。

下位の学校は、大学であれば就職活動、中高一貫校であれば大学進学に力を入れて受験生を呼び込もうとするので、イメージ以上に子どもを伸ばしてくれる可能性もある。

その一方で懸念も残る。

付属校であるにもかかわらず「難関大学特進コース」のような他大学進学コースが設置されると、付属校ならではのよさが失われ、進学予備校化してしまう点だ。

中学や高校で付属校を検討するなら、説明会等で校風や進路指導について把握し、大学の段階でどうしたいのか、ある程度のスタンスを決めてから受験すべきだ。

中堅私立大学の付属校は今が「買い」ではあるが、大学まで進ませたいのであれば、大学受験で目指しても十分合格できるレベルともいえるからである。

——新興勢力の私立校のチェックポイント

「うちは今年、東大に17人、早稲田に146人、慶應義塾に74人合格させました。その実績を見て是非ご検討ください」

私立の中高一貫校の入試説明会で、閉会間際に副校長が大音声《だいおんじょう》で席を立とうとしている保護者に投げかけた言葉だ。

この学校の1学年は男女合わせて450人あまり。その半分近くが3つの大学に合格すると思えば、仮に浪人組を含めた数字だとしても立派なものだ。

とはいえ、学校長の話も副校長の言葉も受験一辺倒だった説明会には、一種のあざとさを感じたものだ。

このような**大学合格者実績を売りにした私立校は、とくに新興勢力の中高一貫校に多く見られる。**

少子化の時代、生徒集めには偏差値の高さや合格実績がいちばん効果があり、親はそこに魅力を感じて飛びつくからだ。

ただ、偏差値は受験の回数を増やして1回あたりの募集定員を減らせば、競争率のアップとともに高くなるものだ。

「東大特進コース」や「医学部受験コース」といった塾や予備校顔負けのコースを新設し、少数精鋭クラスを設けて、首都圏で中学受験が集中する2月1日以外の日に受験日を設定すれば跳ね上がるものである。

そうした学校は、本命の上位校のすべり止めにされ、実際に入学する生徒たちの偏差値は、大手進学塾が弾き出す数字より低くなりやすい。

それでも、6年後にこれだけの実績を上げている点は評価できなくもないが、こうした

合格実績を見聞きしていると、親の多くは、

「自分の子どもも東大や早慶に行けそう」

という錯覚に陥る。

しかし、**合格実績=進学実績ではない。**

学校側が合格実績として発表した数字は延べ人数だ。ひとりの生徒が「早稲田・政経、法、商」と合格した場合、「3」とカウントされるのだ。そこは大手進学塾や予備校のカウント方式に似ている。

広域から優秀な生徒を集め、授業の進度も速いため、受験に特化した雰囲気の中で、タフな精神の持ち主でなければ落ちこぼれてしまう恐れもある。

「うちの子どもは、この数字に含まれないかもしれない」

と想像し、それでも魅力を感じたら選べばいいのである。

実際、**新興勢力の私立の中高一貫校は、玉石混交である。**

校舎や制服、カリキュラムなどを一新したのに、教員の顔ぶれは昔のままという学校もあれば、人間形成に必要な部活動や体育祭より受験対策優先の学校もある。

逆に、かつては難易度が低く、大学合格実績ももうひとつだった学校でも、改革に成功

し、勢いのある学校として注目されている学校も多い。

首都圏でいえば、広尾学園や洗足学園などはその代表格で、ホームページを見ていただければ、学校の本気度合いが伝わってくるはずだ。

勉強面の強化だけでは、変わる大学入試にアジャストできない。社会人になってからも状況の変化についていけない。

今の大学合格実績より、これから伸びる学校かどうか、子どもを伸ばしてくれそうなところかどうかを見ておくといい。

大学合格実績でいえば、伸びている学校は、まずMARCHクラスの大学の合格者が増え、次いで早慶、やがて難関の国立大学への合格者数が増えていく。単年度の結果で判断せず、数年分の実績を見ることをおすすめしたい。

――親の年収格差は、さらに学歴格差を生む

東京大学が実施している「学生生活実態調査」で、**東大生の親の6割が年収950万円以上ある**ことが明らかになった。（図表4）

全国の1世帯あたりの年間平均所得は550万円程度で、1000万円を超える世帯は12％ほどしかないことを思えば、この割合は相当高いといえる。

私はほぼ毎年のように、東大入学式や卒業式を取材しているが、2019年度の入学式で、社会学者、上野千鶴子《ちづこ》氏が述べた祝辞は、今も心に残っている。

あなたがたの努力の成果ではなく、環境のおかげだったこと忘れないようにしてください。あなたたちが今日「がんばったら報われる」と思えるのは、これまであなたたちの周囲の環境が、あなたたちを励まし、背を押し、手を持ってひきあげ、やりとげたことを評価してほめてくれたからこそです。

問題は、祝辞を聞いた新入生の反応である。ほとんどが生まれ育った境遇を「普通の家庭」と捉えていた点だ。

事実、高校別の東大合格者を見ると、上位は東京都立日比谷高校や埼玉県立浦和高校を除けば、私立高か国立高の中学受験経験者で占められている。

早稲田大学や慶應義塾大学の高校別合格者もほぼ同じ傾向が見られる。

[図表4] **東大生の保護者の年収**(%)

1500万円以上	16.1
1250万円〜1500万円未満	12.2
1050万円〜1250万円未満	11.2
950万円〜1050万円未満	21.3

出典:東京大学「学生生活実態調査」(2018年)

アメリカのハーバード大学も、在学生の親の過半数が年収1300万円(12・5万ドル)以上ということを思えば、「親の年収格差=子どもの学力格差」という図式は、残念ながら当たっているというしかない。

しかも、この図式は「親の年収格差=子どもの学歴格差」になっていく。

英語の民間検定試験のスコア、「思考力」「表現力」などが記述式問題で問われる大学入試では、何度も民間検定試験を受けたり、中高6年間で見聞を広げたりした子どものほうが有利になる。

加えて、今後、入学者の割合が増えることになる総合型選抜入試は、出願の段階で受験生本人が作成する自己推薦書や活動記録書が埋まるような高校生活を過ごし、入試本番で問われる面接やグループディスカッションをクリアしなければならない入試だ。

だとすれば、これも幅広い視野を持たせるため、それまでにいろいろな経験をさせた子どものほうが有利になるのはいうまでもない。

とはいえ、**「普通の家庭」であっても絶望する必要はまったくない。**

東大や早慶にも、高所得とはいえない家庭の子どもも一定数存在する。

東大でいえば、4人にひとりは「年収750万円未満」の家庭の子どもで、「年収450万円未満」の家庭の子どもも十数%いるのだ。

先に述べたように、

「わが家は経済的に余裕がない」

という家庭であれば、無理をして中学受験をさせたり、高校で私立高に通わせたりする必要はまったくない。

子どもが複数いる家庭では、上の子が私立高に行けば、下の子も私立高を志望することが多い。そうなると授業料だけで年間200万円近くが飛んでいくことになる。

加えて、受験指導が手厚い私立の中高一貫校に入学させたとしても、別途で塾代はかかる。父母会のあとに親同士でホテルなどに行き、数千円もするランチを食べたりする交際費もバカにならない。

家計に余裕がないなら無理をせず、大学受験対策が本格化するまでは、できる限り出費を抑え、学校での部活動や委員会活動、お金をかけなくてもできるボランティア活動など

で見聞を広げさせればいい。

「うちは、そんなにお金はかけられない」

子どもにきちんと伝えれば、家庭事情は理解する。むしろそうしたほうが、芯の強い子どもに育ち、入試でも好結果を生むのではないだろうか。

公立の中高一貫校は「買い」か

ちなみに、公立の中高一貫校はどうだろうか。

最初の3年間は義務教育なので無料。高校に相当する後半の3年間も高校無償化の恩恵が得られれば無料で済む。

このように、**6年間、実質無料で通わせられるというのが最大の魅力だ。**

文部科学省が、教育の多様化を図るため中高一貫教育制度を打ち出し、学校教育法を改正したのは1998年のことだ。

それ以降、私立のみならず公立の中高一貫校は増え続け、今では全国に約300もの学校が存在している。

当初は、地域の2番手、3番手と呼ばれる高校が母体となるケースが多かったが、2008年に千葉県内のトップ校、県立千葉高が中高一貫校化され、東京都で初めて公立中高一貫校となった白鷗《はくおう》高が2011年に東大合格者5人を出すと、

「公立の中高一貫校は大学受験に有利」

という風評が固定化されるようになった。

事実、首都圏でいえば、小石川、桜修館、九段といった中高一貫校の大学実績は良好だ。

先に述べたように**経済的な負担が極めて軽く、しかも大学進学実績もよいとなれば、コスパが高いことこの上ない。**

もうひとつの魅力は適性検査とカリキュラムである。

公立の中高一貫校の入学試験は適性検査と呼ばれている。中学は義務教育なので、建前上、学力試験はできないためだ。

この適性検査がユニークなのだ。

国語や算数といった教科の枠を超えて、図表から読み取れることを記述させたり、課題が与えられて作文を書いたり、といったものが多い。

たとえば、桜修館中等教育学校では、

「やじろべえの絵を見て思うことを書きなさい」

また、小石川中等教育学校では、

「あなたは、これからどのような『学び』をしていきたいと考えますか」

といった質問が投げかけられている。

これらは正解がひとつではない問題で、こうした設問こそ新たな大学入試で問われるものだ。

つまり、公立の中高一貫校への受験対策が、先々の大学入試のベースにもなるというわけだ。

入学後のカリキュラムも、たとえば白鷗高では和太鼓や三味線など「伝統文化理解」と、短期留学を柱とした「国際理解」に力を入れている。

千葉高には生徒が個別に調査、研究をした成果を発表し、最優秀者に「千葉高ノーベル賞」を贈るという制度があるなど、それぞれの学校で強烈な個性があるのが特徴だ。

お住まいの地域に公立の中高一貫校があれば、一度、ホームページ等で調べてみることをおすすめする。

子どもの志向性とマッチすれば、6年間で成長が期待できる学校といえるだろう。

しかし、その一方で適性検査の競争率は高く、伝統校が一貫校化したような学校を狙うなら、特別な対策をしなければ合格はおぼつかない。

その点では、塾などに投資するコストはかかる。厳しいようなら無理に狙わせるのはやめて、次項で述べる「頑張っている公立校」をおすすめしたい。

――塾並みの指導に舵を切った公立校

総合型選抜入試や学校推薦型選抜入試の拡充によって、一般選抜入試では「手が届かない」と思えた難関大学にも潜り込めるチャンスが出てきた。

だとすれば、高校無償化制度が導入されたとはいえ出費が増え、学ぶ生徒たちの家庭の階層も画一的で多様性が薄い私立校より、公立校でいいという理屈も成り立つ。

事実、公立の伝統校が多い関西圏で、京都大学合格者数の上位を占めるのは、大阪府立北野高や奈良県立奈良高、それに京都府立堀川高といった公立校だ。

北海道大学や東北大学、それに大阪大学や九州大学といった旧帝大系でも公立校出身の合格者が目立つ。ほかの地方国立大学であれば、地域の2番手、3番手の公立校で十分なのだ。

実際のところ、**公立校の進学指導は思った以上に頑張っている。**

たとえば、埼玉県立浦和高だ。

浦和高では数学、国語、英語の主要3科目の学習内容を、最初の2年で網羅する。数学は学校独自の教材を用い、物理の授業は実験に重点が置かれている。

学校行事も豊富で、新入生歓迎マラソンに始まり、競泳大会、体育祭、ラグビー大会、文化祭と盛りだくさんだ。

つまり、私立の中高一貫校の学習レベルには入学2年で追いつくことができ、総合型選抜入試には不可欠になる青春時代の貴重な体験も数多くできる学校なのだ。

東京都立西高も、荻原聡校長いわく「授業で勝負する学校」だ。

OBらを招いての教養講座や集中講座も多く、浦和高と同じように運動会や記念祭（文化祭）でも盛り上がることができる学校だ。

神奈川県立横浜翠嵐《すいらん》高の場合は、進学先の目標を「東大、東工大、一橋大……」と明記し、生徒に学習の指示が細かく出される学校だ。徹底した学習管理と進路指導は塾や予備校以上である。

京都大学への合格者が多い京都府立堀川高は、「探求」の授業で知られる。

堀川高では週2回、「探究基礎」という授業が行われるのだが、1年生と2年生はかなりの時間と労力をこれに費やしている。

入学すると、生徒はまずこれから何を探究するかを考える。前期には研究テーマの設定の仕方、活動の進め方、論文の書き方、参考文献の引用の方法など、まさに探究の基礎を学ぶのだ。これと合わせて塾以上に受験対策もしっかりやる学校である。

「これらの学校は、いずれも大都市圏のトップ校だからでしょ？」

という意見もあるだろう。

しかし、**工夫を凝らしている公立校は地方のトップ校以外にも見られる。**

たとえば、松山城のふもとにある愛媛県立松山北高。進学実績からすれば、市内の公立校で3番手という位置づけだ。

ここでは、司馬遼太郎さんの名著『坂の上の雲』の一節、

「のぼってゆく坂の上の青い天にもし一朶《いちだ》の白い雲がかがやいているとすれば、それのみをみつめて坂をのぼってゆくであろう」

にちなんで、「一朶の雲プロジェクト」という地域活性化プロジェクトが進行している。

地域の課題を発見し、解決策を考える力の育成は、総合型選抜入試対策に直結するもので、塾や予備校ではできない領域である。

地域のトップ校でなくても、こうした学校はたくさんある。そういう学校が見つかれば、私立や公立の中高一貫校を選択しなくても十分だと思う。

――最終学歴にこだわるなら大学院がある

本章ではここまで、

「無理をして中学受験をする必要はない」

「中高一貫校を選択するのであれば、他大学進学にも力を入れている学校がベター」

「難関突破を目指すなら大学からがいちばん入りやすい」

ということをお伝えしてきた。

今の時代は、学歴重視から徐々に衣替えしつつあるが、**どうしても最終学歴にこだわるなら、大学院という選択肢もある。**

東京大学大学院の修士課程入学者の内訳を見ると、多くの研究科で東大出身者以外の割

合が高い。（図表5）

私が修士課程を修了した早稲田の大学院も、学習院や中央、成蹊といった他大学出身者が過半数を数え、社会人の院生と合わせ、活気があふれる大学院だった。

大学入試では、多くの科目数（とくに国公立大学）が求められるのに対し、大学院入試では、主に志望する大学院の専門内容に関係した専門科目と英語、そして研究計画書を題材とした面接で合否が判定される。

大学院入試で出願に必須の書類

■志望理由書、研究計画書
■学部時代の卒業論文や研究成果をまとめたもの
■語学の民間検定試験のスコア

つまり、院試は大学入試でいう総合型選抜入試そのものなのである。

何をどのように研究していきたいか、なぜその大学院を志望するのかが明確で、海外の論文を、辞書を引きながらでもどうにか読める語学力さえあれば、どこの大学を出ていよ

［図表5］**東京大学大学院生の入学状況**

	学内	学外
人文社会系	68	51
法学、政治学（法曹系）	72	138
総合文化	66	144
理学系	162	188
新領域創成科学	111	255

出典：東京大学ホームページより抜粋（2019年度）

うと、東大や京大、あるいは早慶といった知名度が高い大学の院に入れるということだ。「学歴ロンダリング」といわれるのはこのためだ。

もちろん、いい加減な研究計画書では、面接で弱点を追及されて落とされてしまうが、大学で狙うよりはるかに入りやすいといっていい。

ましてや、近年、各大学が力を入れている社会人入試は、「仕事に3年以上従事してきた者」などの条件はあるものの、大学からストレートで院を目指すよりハードルは低く設定されている。

しかも、**多くの大学で秋と冬、2回の受験機会が設定されているので、一度失敗しても再チャレンジがしやすいメリットもある。**

有名どころでは、引退後、東大野球部を指導し、プロ野球、巨人の一軍投手チーフコーチ補佐にも就任した桑田真澄さんだ。

PL学園高出身で「高卒」のため、1万字ほどの論文を書いて、早稲田大学大学院スポーツ科学研究科に合格し、修士号を取得している。

女優の菊池桃子さんも、短大卒ながら法政大学大学院政策創造研究科に入学し、44歳で修了した。

安倍晋三前総理大臣の夫人、安倍昭恵さんも、専門学校卒という最終学歴を、50歳手前で、立教大学大学院21世紀社会デザイン研究科修了に塗り替えている。

文化人でも、健康社会学者の河合薫さんは、千葉大学教育学部を卒業したあと、全日本空輸のキャビンアテンダント、気象予報士としてテレビ朝日系「ニュースステーション」への出演を経たあと、東京大学大学院医学系研究科に合格し、修士課程、博士課程と進んで博士号を取得した。

このように、**「学びたい」という意思や、「最終学歴を納得のいくものにしたい」という意図があれば、何歳からでもリカレントやリカバリーは可能なのだ。**

私も学び直しのため、社会人特別選抜の特典を利用して、わずか1か月の受験対策で、京都大学の博士課程入試に一発で合格した。

今の時代は価値観が多様化し、文系でも大学院に進む人の割合が増えた。その分、給付型奨学金も充実している。

もし、大学入試までの結果に満足できないのだとしたら、その流れに便乗して、大学院でリベンジするという選択肢もある。

Column

新入試のリアル④

「上智トラップ」にご用心

受験界の一部や主に進学校の受験生の間で語られているのが、「上智トラップ（上智の罠《わな》）に気をつけよう」という言葉である。

上智大学は早慶や国立大学に比べ試験時期が早い。そのため、先に上智に合格した受験生は、「難関をひとつ射止めた」と気が抜けてしまい、あとに控える本命の大学の入試で失敗してしまうことが多いというのだ。

これは一般選抜入試の話だが、上智は指定校推薦の時期も早めだ。早く楽になりたい生徒が高校に来た推薦枠に応募し、本来であればさらに上を狙えた生徒が夏には「上智でいい」と手を打ってしまうという。

東京の伝統校の中には、優秀な層が早慶からの指定校推薦で抜け、大学合格実績はこれ以外の生徒で上げなければならないと愚痴をこぼす先生もいる。

似たようなトラップはレベルごとに考えられる。早く安心したい気持ちは理解できるが、本当にそれがベストな選択なのか、長い目で考えることが大切だ。

第5章

「子育て2.0」時代の親が変えるべき「毎日の習慣」

――子どもを振り向かせるには「リフレーミング」法で

内閣府の「子供・若者白書」などによれば、両親と子どもの対話時間は少しずつ増える傾向にある。

新型コロナウイルスの感染が急拡大した2020年以降は、「不要不急の外出自粛」や「ステイホーム」が叫ばれた結果、父親と子ども、母親と子どもが触れ合う時間はさらに延びているはずだ。**大切なのは対話の中身だ。**（図表6）

学年が上がるにつれて勉強を教える親の割合が減るのは仕方がないとして、

「なぜ勉強するのか」

「ほかにも答えの導き方があるのではないか」

「『わかる』『できる』ようになるって、こんなに面白い」

を伝えることは重要なことだ。

「英語ができれば世界が舞台になる」

「世界の中で二酸化炭素を減らす方法ってひとつじゃないよね？」

「ルールがわかればスポーツって面白いだろ？　勉強も同じだ」といったアプローチで、部活動や友だちとのかかわりをメインにしている子どもに、短い時間であってても語りかけてみよう。

［図表6］勉強についての親子の会話の中身（%）

	小学生	中学生	高校生
勉強の内容を教える	72.1	53.2	23.3
勉強の意義や大切さを教える	65.4	56.9	44.0
問題のいろいろな解き方を考えるように言う	48.5	36.9	20.5
勉強の面白さを教える	44.2	31.7	20.3

出典：東京大学社会科学研究所・ベネッセ教育総合研究所共同研究「子どもの生活と学びに関する親子調査」（2019年）

ただ、私が講演先でよく質問されるのが、
「そうは言っても、中高生ともなると、子どもはなかなか振り向いてくれない」
といった言葉だ。

その場合、しばしば家族療法の用語として使われる「リフレーミング」という手法を試してみてほしい。

「リフレーミング」とは、文字どおり物事を見る枠組み（フレーム）を変えて、別の枠組みで見直すという意味だ。

たとえば、「お帰り！」と声をかけ、子どもから「うるせえな」と乱暴な言葉が返ってきたら、普通は「親に向かってその口のきき方はなんだ！」と怒鳴りたくなる。

そこをグッとこらえて、

「あー、びっくりした。父さん、急に胸が痛くなった」

と返してみるといい。そうすると、子どもの中で「えっ？　これまでと反応が違う」という波紋が広がる。

こういうことを繰り返しやっていくと、「ただいま」という返事が返ってくるようになったりする。

Aという手法でうまくいかないならやめる、Bという手法で改善が見られれば続ける、この繰り返しが「リフレーミング」の手法で、「ブリーフセラピー」（短期療法）ともいえる方法だ。

――親は「コンサマトリー化」してはいけない

子どもを振り向かせるうえで大切なのは、親自身が魅力のあるコンテンツになることだ。

私がこれまで中学受験や大学入試を取材して感じるのは、いわゆる難関と呼ばれる学校や大学に子どもを合格させた家庭を見ると、年収の多寡や職業はさておき、魅力のある親が多いという事実である。

パソコンにスマートフォン、タブレットにゲーム機器、SNS（ソーシャル・ネットワーキング・サービス）で目にするさまざまな情報……。

現代社会を生きる子どもたちの周りには刺激的なものがあふれ、ちっとやそっとのことでは親に目もくれようとしない。

「子どもは親の背中を見て育つ」

などというのは過去の話。今の子どもは親の背中のようなつまらないものよりスマホを見て年を重ねているのだ。

子どもに、

「勉強しなさい！　そんなことじゃ志望校に入れないわよ」

などと叫んでもまったく無意味。その前に、**親自身が子どもの目に魅力的に映るかどうか考えてみてほしい。**

大手広告代理店の博報堂が1997年から実施してきた「子ども生活調査」では、2017年に母親を尊敬する子どもの割合が、初めて父親を尊敬する子どもの割合を上回っている。

その意味では、とくに世の中のお父さんに頑張っていただきたい。

もちろん、家計を中心となって支えている父親は、共働き世帯であっても母親より子どもと触れ合う時間は少なくなる。

しかし、逆にその分、チャンスはある。対話時間が少ない分、めったにない対話が新鮮で、対話しないまでも近くで見る父親の姿に目が行くからである。

キーワードは、

「コンサマトリー化しない」

ということだ。

コンサマトリーとは、アメリカの社会学者、タルコット・パーソンズによる造語で、「それ自体を目的とした」を意味するものだ。転じて、明日のために現在を手段として努力するのではなく、現在を楽しむという意味に使われている言葉である。

こういう生き方を今風のものとして評価する識者もいるが、目標を設定して、そのために今を生きるという姿からはかけ離れている。

取材先で魅力的に映る親は、50代前後になっても、

「ゆくゆくは起業をしたい」

「中国語を一から勉強してビジネスのエリアを拡大したい」

「駅前に1店舗しかないうちの店を、モールや国道沿いにも出したい」

など、さまざまな夢や目標を持って、そのために明るくエネルギッシュに動いている。

親が子どもに「頭のいい子に」とか「運動ができる子に」と、つい理想線を引いてしまうように、子どもも親に「こんな親であったら」と理想線を引くことがある。

そんなときでも、**親が親自身の未来に向けて、前向きに生きている姿**ならかっこよく映り、「よし、僕（私）も……」という気持ちになりやすい。

私もひとりの親として、今日も子どもに、目標達成に向けた成功談と失敗談を洗いざらい語って、「父ちゃんはやるよぉ」と叫んでいる。

——夢実現へのプロセスを「見える化」する

子どもが中学生や高校生あたりになると、家計の主力を担う父親の職場での立場が、年齢的に「出世コース」に乗る人と「出世コース」から外れる人に大別されてくる。

国家公務員（とくに官僚）やメガバンクなどはその典型だが、ある年齢まではほぼ同じペースで昇進していたのが、出世する人は、40代半ばから50代半ばにかけて部長→局長→役員といったように、駆け足で昇進していく。

ところが、実績はそれほど変わらないのに、その波に乗れなかった人は、40代後半で出世が止まり、まだ体力もあり気力も衰えていない年代で出向や役職定年という現実に直面してしまう。

主な企業の40代後半から50代の処遇（筆者調べ）

■メガバンクM社＝52歳で出向か転職。
■家電メーカーS社＝50代前半で課長クラスの役職定年。年収2割減。
■大手不動産N社＝40代で出世競争は決着。敗れた人は出向。
■住宅メーカーD社＝50歳で役職定年。多くは関連会社に移る。
■自動車メーカーN社＝50歳で役職定年。年収大幅減。

大人は、子どもとは別の意味で「承認欲求」が強く、金銭問題も絡んでくるため、「出

世コース」から外れたり「役職定年」を迎えたりすると、

「どうして私が？　これからどうすればいい？」

という思いにかられ、意気消沈してしまう人も多い。

先の項で理想線の話をしたが、私も「年収」「学歴」「見た目」「職場での活躍度」「暮らしぶり」、あるいは「こうなりたい（こうあるべき）自分」といった理想線を持ちながら暮らしている。

この数が多いほど、理想と現実のギャップに苦しみ、身に降りかかってきた（あるいは、数年後、降りかかってきそうな）現実を直視しにくくなる。

そんなとき、家庭内で劣化した姿を見せてしまうと、子どもは、

「勉強して、いい学校を目指しても、将来、いいことないじゃん」

と感じてしまう恐れがある。

「出世コース」に乗っている人はさておき、そうでないと感じる人ほど、背筋をしっかり伸ばして、第2の人生設計に早めにとりかかることをおすすめしたい。

「人生100年」などといわれる時代である。あなたも私も現役生活はまだまだ続くのだ。

2020年3月、新型コロナウイルスの感染拡大に注目が集まる中、国会では改正高齢

者雇用安定法（70歳定年法）が成立し、2021年4月1日から施行された。

これによって各企業は、「70歳までの定年延長」や「70歳までの継続雇用制度」などの対策を講じなければならなくなった。

年金受給年齢も、「65歳から70歳へ」と環境整備が進む中、私たちは「働ける間は働け！」というライフスタイルを余儀なくされつつあるわけだ。

そうなると、40代半ばから50代あたりでしょぼくれているわけにはいかない。

思い描く未来像から逆算して、それを実現するには何をすればいいのか、第2章で述べた**「バックキャスティング」方式で、今後の人生を切り拓《ひら》いていただきたいと思う。**

私の例を挙げてみよう。

私自身のバックキャスティング

■5年後には大学教授になっていたい。

■そのためには、大学院で「博士」の学位を取得するか、相応の研究実績が必要。

■大学院に合格するための対策、専門分野での著書や論文が求められる。

このように、なりたい自分を想定しながら今を生きれば、勤務先での立場など二義的なものに変わっていく。

たとえばダイエットでも、「1年後に10キロ減」という未来から逆算して、「食事を見直す」や「ジムに通う」など、そのプロセスを家族全員に「見える化」することだ。

そうすれば、**妻（夫）や子どもたちも、未来を意識しながら今を生きる空気が醸成され、家庭全体がポジティブな雰囲気に変わっていく。**

取材をしていて感じることだが、将来についてしっかりした考えを持っている子どもの親は、いずれもポジティブで、しかもアクティブという共通項がある。

「親が変われば子どもも変わる」

起業でも副業でも趣味でも、まず親が計画を立て、やりたいことにどんどん挑戦してみよう。

――親は子どもより「自分ファースト」でよい

親の役割は、高学歴でも親がいないと何もできない人間に育てることではなく、ひとりでも生きていくことができる知恵を授けることだ。

これまで、子どもが転ばないよう先に先にと手を回してきたとしたら、もうそろそろそういった干渉はやめて、**お父さん、お母さんそれぞれの人生プランをいちばんに考えるように変えてみてはどうだろう。**

前述したように、親が生きいきとしていれば、子どももその姿を見ているからだ。

「私は、5年後に会社をつくる」

「私は、今から韓国語を勉強する」

こんな目標を立てたとしたら、それに向けて計画的に前に進めること。

できれば、誰にでも平等に与えられている24時間を、どのように使っているかを家族に見せながら継続していくことだ。

そうすれば、その姿を見ている子どもも、おぼろげながら将来の夢を描くようになり、一日一日を大切にするようになる。

そのことが学びへの導火線になると同時に、総合型選抜入試や、一般選抜入試でも導入する大学が増えている面接などの場で役立つのである。

「テストの成績が下がってきているのに放置はできない」

「志望校を絞り込む段階なので親が積極的にかかわらないと……」

という気持ちは十分理解できるが、**子どもは迷いながら、自分に合った勉強法や自分なりの解決法を見いだしていくものだ。**

もし、いつになっても改善が見られないなら、放置するわけにもいかないので、子どもと話し合う機会を設ければいい。

伸び悩んでいる子どもとの対話法

■「何に悩んでいるか」「何に困っているか」を聞き出す。
■「自分で解決できること」と「自分だけでは解決できないこと」に分ける。
■できそうなことは、子どもに順番を決めさせ、実行させる。
■できそうにないことは、解決法を一緒に考え、「塾に通わせる」「家庭教師を雇う」「親と一緒にやる」等の対策を決める。
■ゲームやスマホばかりいじっているのであればルールを決める。そこで発見したことを、友だちなどに発信させるように仕向ける。

これであれば、たとえ親が主導したプランであっても、最終的には子どもが決めた形になる。

子どもからすれば、親が押しつけたものと自分が決断したものとでは、受け止め方がまったく違うので継続しやすい。

遊びでも、子どもの中で完結させず、Twitter等で発信させれば、外部に働きかける気持ち＝主体性が芽生える。

あとは親が、

「何かあったらいつでも声をかけてね」

と伝え、自分がやりたいことに没頭していればいい。

これであれば、「ウザく」感じず、親の愛情も感じることができる。

大事なことは、親自身が、好きなことや得意なこと、かねてやってみたかったことに挑戦し、子どもに関しては「ひたすら待つ」ことである。

テレワークだからこそ子どもを伸ばせる

子どもを伸ばすには、「間違ってもOK」「失敗しても大丈夫」という文化を家庭内で根づかせることが大事だ。

その意味では、お父さんもお母さんも、親は仕事の話をどんどん食卓に持ち込んで話して聞かせてほしい。

2020年の3月あたりから、新型コロナウイルスの感染拡大や再拡大によってテレワークが増え、自宅からリモートで会議に出たり、在宅で資料を作成したりする機会が多くなった。

一方、子どもも部活動が休止、塾はオンライン、休みの日の外出も自粛という中で自宅にいる時間が長くなった。

コロナ禍で社会が変容する中、子育てにとって唯一のプラス材料は、**親は家庭に仕事を持ち込まなければならなくなったこと、そして親子で対話をする機会がいやがうえにも増えたということ**ではないだろうか。

［図表7］**子どもが抱く「働くこと」に対するイメージ**（%）

	よく話している家庭	あまり話していない家庭
収入が得られる	53	29
大変そう	47	57
忙しそう	29	37
楽しそう	26	8
人の役に立てる	23	8

出典：アクトインディ「勤労感謝の日 アンケート調査」（2019年）

この機会を利用して、子どもと一歩踏み込んだ対話をしてもらいたい。

ウェブサイト運営会社の調査では、仕事の話をよくしている家庭とそうでない家庭とでは、子どもの仕事に対する感じ方がかなり異なっていることがわかる。（図表7）

なかでも**仕事の話をよくしている家庭では、「楽しそう」「人の役に立てる」と感じる子どもの割合が多い**というのがポイントだ。

小・中学生では、親子の対話時間が長い家庭のほうが、文部科学省が毎年4月に実施している「全国学力テスト」の成績もいいことが明らかになっている。

子どもが高校生の場合でも、「仕事の面白さ」

「社会への貢献度」

「仕事での成功談」

そして逆に、

「仕事の大変さ」

「人をまとめることの難しさ」

「仕事での失敗談」

などを語ることで、子どもは仕事の楽しさと厳しさをイメージすることができ、

「私はこんな仕事をしてみたい」

と考えるようになる。

おぼろげながらであっても**「将来、なりたい自分」が見えた子どもは強い。**学びへの意欲が違ってくる。

お父さんもお母さんも、**テレワークを幸いに、子どもに働いている姿を積極的に見せ、楽しさも厳しさも、そして成功談も失敗談もどんどん語ってほしい。**

――親は必ず選挙に行こう

2016年6月に施行された改正公職選挙法。その目玉となったのが、「選挙権を18歳に引き下げる」というものだ。

すでに18歳以上が投票する形で何度も国政選挙や地方選挙が実施されてきたが、18歳選挙権は、子どもの目を社会へと開かせる最高の教材になる。

そのためには、投票前からどの候補が勝ちそうか見えている無風の選挙を含め、親自身が投票に行くことだ。

そして、選挙期間中、1度でも2度でも、

「どんな候補がいて、何が争点になっているのか」

「なぜ、その問題が争点になっているのか」

この2つを語って聞かせることである。

18歳選挙権をめぐっては、全国の高校で「主権者教育」が実施されている。

しかし、その多くは「投票の仕方」を学ぶのが中心で、各候補の政策や選挙の争点まで踏み込んでいるところはまだまだ少ない。

はっきり申し上げて、「投票の仕方」や「選挙のルール」などはどうでもいい。

たとえば、産業廃棄物処理場の建設問題が争点になっている自治体の首長選挙であれば、その是非について親子で話し合ってみることだ。

原子力発電所の再稼働について是非を問う選挙であれば、**お父さんやお母さんが自分の意見を述べ、子どもにも考えを語らせることだ。**

選挙は、今の社会が抱えている問題が浮き彫りにされる絶好の機会だ。アメリカを例に見てみよう。


２０２０年11月実施のアメリカ大統領選挙の主な争点

- ■新型コロナウイルス対策
- ■コロナ禍で落ち込んだ経済回復策
- ■アメリカ第一主義を掲げてきた外交問題
- ■地球温暖化対策
- ■人種差別問題

現職の共和党、ドナルド・トランプと民主党、ジョー・バイデンの接戦となった2020年のアメリカ大統領選挙は、これらの点が主な争点であった。

これらはいずれも「病める大国、アメリカ」を象徴するもので、トランプ政権が実施してきた政策の是非を問うものでもあった。

他国の選挙であっても、争点を見れば、その国が直面している課題がよく見える。それらについて、親がわかる範囲で概説し、子どもの意見も聞くという習慣ができれば、子どもの目が社会に向けられるきっかけになる。

選挙をテーマにするよさは、正解がひとつではないことと、何を言っても間違いではないということだ。

トランプによる「アメリカ第一主義」は賛否が真っ二つに分かれる政策で、アメリカを豊かにはできても国際協調という点ではマイナスというものだった。そのどちらに立って意見を言っても間違いではないのだ。

日本国内の問題でも、憲法改正、原発再稼働、消費増税、少子高齢化対策、沖縄米軍基地移設、対中国外交など、話せばさまざまな意見が出るはずだ。

その対話の積み重ねが、ハイパー・メリトクラシー的な総合型選抜入試対策になり、同時に、文献やグラフを見ながら答えを導き出す新しい形の大学入学共通テスト対策にもなっていく。

――苦手でも何かひとつスポーツを

慶應義塾の創始者、福澤諭吉は、教育の鉄則として、「まず獣身を成して、のちに人心を養う」を掲げている。

学ぶこと以前の大前提として、健康であることがいちばんと強調しているのだ。

慶應義塾の付属校はもとより、首都圏の伝統校では「体育」を重視している学校が多い。東京の開成中・高では運動会が重視され、巣鴨中・高でも毎年、奥多摩の「大菩薩峠《だいぼさつとうげ》越え強歩大会」が全校生徒参加で実施されている。

これは、仲間と力を合わせるといった社会性を学ぶことと同時に、「体を鍛える」ことが重視されているからにほかならない。

私も、**子どもを伸ばしたいなら複数人で体を動かす機会を増やすこと、とりわけ団体スポーツをさせることをおすすめしたい**と思っている。

報道ワイド番組のチーフプロデューサーとして、大勢の部下やスタッフを動かす仕事をしていると、

「全体が見えていないな」

「アイデアが豊富じゃないな」

「発生した事案への瞬時の対応が鈍すぎるな」

とガッカリするシーンに出くわすことが多い。

たとえば、2020年初頭から新型コロナウイルスに関するニュースをメインに扱う機会が増えたときの話だ。

「今日はコロナワクチンについて詳しく扱おう」

という考えに凝り固まってしまうと、その日、東京オリンピック組織委員会の森喜朗会長（当時）が自身の失言の責任を取って辞意を表明したとしても、瞬時に切り替えが利かないのだ。

その日の担当の男性ディレクターに聞けば、中学や高校時代、運動部には所属していな

かったという。私は「さもありなん」と感じたものだ。

野球やサッカー、バスケットボールにバレーボール。種目はともかく、いずれも相手のスキを突くことで得点を重ねるスポーツだ。

「あ、あそこにスペースがある。そこを狙おう」

「左から攻めてもダメだ。じゃあ右サイドから崩せるか試してみよう」

という繰り返しである。

そういう経験が乏しい子どもは、アイデアのバリエーションが少なく、そのまま大人になってしまうのではないか、と思うのである。

しかも、これらのスポーツは複数人によるチームで戦う競技だ。

チームで戦う以上、「個」の力では限界があり、仲間と力を合わせること、ウイークポイントをフォローし合うことなどが問われる。

スタンドプレーはダメで、自分が犠牲になってランナーを進めたり、相手チームの選手を引きつけて仲間にシュートを打たせたりするなど、競技を通じて自分の役割をきちんとこなすことの大切さも体得することができる。

私も、最近まで地域のソフトボール愛好会に所属し、今は週に5回はジムに通って汗を流している。

体を動かしていれば、体力の維持や気分のリフレッシュにつながるだけでなく、勝負勘のようなものも錆《さ》びないでいられる気がするのは私だけだろうか。

もし、あなたの子どもが、これから部活動を決めるというのであれば、へたくそでも構わないので運動系を選んでほしい。

「すでに文化部系に入っているから」

という場合は、吹奏楽部とか美術部などの部活動を満喫させながら、コロナ禍が収まれば、野球やサッカー観戦に連れ出し、親子で主に戦術面の話をしながら観戦していただきたい。

「うちの子は帰宅部でないと勉強が追いつかない」

という声もあるだろうが、帰宅部では体力がつかず、仲間との貴重な体験も得られず、アイデアを戦術に反映させることもできない。

何より**総合型選抜入試や学校推薦型入試でＰＲする材料が乏しくなるので、せめて文化部でも入部させておきたい。**

子どもと感動を共有する

私が教壇に立っている大妻女子大学では、担当している夏季集中講座のゲスト講師に、毎年、東京ステーションホテル総支配人の藤崎斉《ひとし》氏をお迎えしている。

ある年、藤崎氏は、ホテルで働く者（とくに幹部として働く者）に必要な要素として次の5つを列挙してくれた。

ホテルで働く者に必要な要素

■外交官
■民主主義者
■独裁者
■曲芸師
■ドアマット

これらの言葉を聞いて、中高生の子どもを持つ親、とりわけ父親にも必要な要素だと感じたものだ。

内向きにならず外部の人と親しくできる力、多様な意見を聴く力、いざというときは決断できる力があれば、子どもから見て頼もしく思えるものだ。

なかでも面白いと感じたのは「曲芸師」だ。

子育てでいうなら、子どもと一緒に感動したり、ともに楽しんだりする力と置き換えられるだろう。

中高生ともなると、親子で触れ合う機会は少なくなる。新型コロナウイルスの感染が拡大しているような局面では、不要不急の外出は控えたほうがいいし、遠出もままならない。

それでも、休日に子どもの志望校を外から見るだけでもいい。体育祭や文化祭の雰囲気を外から感じるだけでもいい。短い時間でいいので気持ちを共有できる時間をつくっていただきたいのだ。

それによって、子どものモチベーションが一段と高まる可能性があるし、

「私、本当はA校よりB校に行きたいんだ……」

といった本音が聞かれるかもしれない。

塾をあえて休ませ、人込みを離れてアウトドアで過ごすのもいい。

10年ほど前の調査になるが、国立青少年教育振興機構が行った「子どもの体験活動の実態に関する調査研究」（２０１０年）では、自然体験が豊富な子どもほど、大人になって学びへの意欲が高くなる傾向が見られた。

子どものころ、「海や川で魚を採ったり、魚を釣ったりしたこと」などアウトドア体験が多かった人は、85％前後が「なんでも最後までやり遂げたい」「もっと深く学んでみたいことがある」「できれば、社会や人のためになる仕事をしたいと思う」と答え、そういう体験が少なかった人の割合を10％程度上回っている。

つまり、**アウトドア体験は困難を乗り越えるタフな心の育成にひと役買う**ということだ。

ここで試されるのが、藤崎氏が言う「ドアマット」だ。

これは忍耐力を意味する言葉だが、子どもがうまくできなくても、行動に歯がゆさを感じても、「待つ」ことが重要だ。

たとえば、キャンプとなると、どんな服装で行けばいいか、風が強いならなんの準備が必要か、テントはどう立てればいいかなど、考える力と行動が試される。

そこで先回りせず、**仮に失敗しても子どもに任せることが、自分でメシが食えるように**

なるための貴重な体験になる。

こうしたことを念頭に、1年に数回で構わないので、子どもを連れ出し、さまざまな形で刺激を与える工夫をしてみていただきたい。

「親子旅」のすすめ

新型コロナウイルスの感染拡大がワクチンの接種などによってある程度収まれば、映画やドラマ、ニュースなどで話題になったスポットへの旅行もいい。

被災地の現状、目の当たりにする原発、アメリカ軍基地、古戦場、田舎なのに行列ができる店。

いずれもそれぞれに背景があり、それらを語ったり想像したりすることが、子どもにとって刺激になる。

私も、子どもが中高生時代、国会や議員会館、市議会や講演会、被災地や私の仕事場などに連れて行ったものだ。

これが、同じ親子旅でも、東京ディズニーランドや大阪のユニバーサルスタジオだけだと、少し物足りない。

「楽しかった」

だけで終わってしまうからだ。

小学生まではそれでも構わないが、中高生で大事な受験を控え、5年から10年以内には社会人生活も待っているという年齢では、内容を伴う親子旅を演出する必要がある。

2021年1月に初めて実施された大学入学共通テストでは、普段の生活を題材にした問題が出され、資料を見ながら「その場で考える」形式の問題が頻出した。

これからの入試は、大学入試はもとより、高校受験などにおいても、普段の生活や風景を材料に、思考力や表現力を問う問題が増えそうだ。


―――「目黒」の文字の横に「JY22」という表示がみられます。この表示のなかで「JY」が表しているものを具体的に答えなさい。

――― 下の2枚の写真は、1970年代にある都市で撮影《さつえい》されたものです。写真Aの数年後に写真Bが撮影されました。この都市がある都道府県名を答えなさい。

かつて開成中学とラ・サール中学で出されたような問題は、さらに高度になって大学入試で出される可能性がある。

「目黒」の問題では、増え続ける訪日外国人客らのため、駅に固有のアルファベットや番号をつけていること、「写真2枚」の問題では、映っているクルマが左ハンドルが右ハンドルに変わっていることが正答を導き出すカギになる。

ちなみに、「JY」の「J」はJR東日本、「Y」は山手線だ。これが京浜東北線であれば「JK」になる。

また、「写真2枚」が示す都市があるのは沖縄県だ。1972年の沖縄返還を経て、交通ルールがアメリカ式から日本式に変わったのだ。

こうしたことは、塾では教えてくれない。

親子で街を歩いたり、旅行に出かけたりして、ふと目にした光景などを語り合う習慣が、実は入試対策になっていくのである。

自分で時刻表を確かめて切符を買い、電車を乗り継いで目的地に着くというシンプルな動線だけでも、思考力や集中力が身につく。

スケジューリングや予約等はすべて子どもに任せ、現地に着いたら、

「どうして原発はなくならないのか」

「なぜ日本政府は、アメリカ軍基地を必要としているのか」

「被災地なのに、ボランティアの数は少ないのはどうしてなのか」

ネットの受け売りで構わないので、お父さんやお母さんは子どもに語ってほしい。

「自助」としての「個別的自衛権」を教えよう

2020年9月16日、安倍政権を引き継いだ菅義偉《すがよしひで》総理大臣は、政権が目指す社会像として、「自助、共助、公助」を打ち出してきた。

「自分でできることはまず自分でやってみる。そして、地域や家庭でお互いに助け合う。そのうえで、政府がセーフティネットでお守りする」

記者会見や所信表明演説で幾度となく語られてきたこの考え方は、

「自助を最優先、公助はあと回し」

ともいえるもので、すべての人に、

「まずは自分で努力したり工夫したりしなさい」

と求めるものだ。

私たちの身の回りは危険であふれている。犯罪や事故をはじめ、インターネットやSNSを介しての誹謗《ひぼう》中傷、地震やゲリラ豪雨などの自然災害。

そして、新型コロナウイルスや季節性インフルエンザ。さらにはリーマン・ショックのような経済危機、北朝鮮や中国の軍事的脅威など種類もさまざまだ。

共通していえるのは、**これらの有事の際は、まず自分で自分の身の安全を守らなくてはいけないということだ。**

いうなれば、個別的自衛権を行使する時代が到来したということである。

しばしば集団的自衛権の対義語として用いられる個別的自衛権は、他国からの武力攻撃に対し、実力をもってこれを阻止、排除する権利を指すが、私たちの生活に置き換えれば、自分で自分に降りかかってくる災いを防ぐ、ということになる。

ウィズコロナの時代は、親が率先して個別的自衛権を行使し、その姿を子どもに見せる絶好の機会だ。

消毒をする、マスクをつける、いわゆる「3密」を避ける、ステイホームをするなど、自分が感染しないことが、周りを感染させないことにもつながることを身をもって示してほしい。

そうすることのメリットを挙げてみよう。

自分で自分の身を守ろうとすることで得られるメリット

- ■先を読む力が身につく。
- ■想像力が働くようになる。
- ■周囲への気配りもできるようになる。
- ■自己責任の感覚が植えつけられる。
- ■実際に防災や減災が期待でき、命が守れる。

子どもがまだ幼いころであれば、「〇〇ちゃん、そこは危ないよ」を繰り返すことで子どもの身を守れた。

「暗い夜道をひとりで歩かないように」

と注意を促せばよかった。

しかし、成長するにつれて、先に述べたように危険の種類も増え、その深刻度も擦り傷程度では済まなくなるため、まず**お父さんやお母さんが率先してさまざまな危機に備える姿を見せてほしい。**

「コロナ禍で景気が悪くなりそうだから、ムダづかいはやめておこう」

「最近、地震が多いので、いざというときのために多めに備蓄しておこう」

私は、**こうした会話が子どもの目を社会へと開かせ、危険察知力を育てることにもなると考えている。**

——親が積極的に「世話役」を引き受ける

全国の小学6年生と中学3年生を対象にした学力テスト。

その成績と家庭環境の相関関係を分析した調査結果では、親が積極的に学校行事にかかわったり、ボランティアで学校の支援を行ったりしている家庭の子どもの学力が、そうでない家庭の子どもに比べて高くなっている。

「それだけ、親が教育熱心ということなのでは？」

と思われる方が多いと思うが、私は別の見方をしている。

難関の中学に合格した子どもの家庭を取材する中で感じてきたことだが、

「親が世話役を引き受けてきた家庭の子どもは、概して考え方がしっかりしている」

ということだ。

難関を突破した子どもとはいっても、全員がしっかりした子どもとはいえない。

「将来、何を目指してるの？」

といった極めてシンプルな質問を投げかけても、答えられない子どもも多い。

そんな中で、

「医師になって、途上国で働きたい」

「まだはっきり決めていませんが、人の役に立つような仕事をしたい」

などと答える子どもは、その親も、**学校や地域、広くいえば社会に貢献しようと考えている方が多い**と感じてきた。

具体的にいえば、ＰＴＡの役員、自治会の世話人、母校の同窓会組織の会長や幹事などを率先して引き受けてきたというタイプである。

当然ながら、こうした世話役には報酬が生じない。職場での昇進や転職、起業などにも直接的な影響も期待できない。

つまり、世話役というのは面倒で、目に見えて得られるものが乏しい役職なのだ。

しかし、お父さんやお母さんが積極的に、こうした「面倒で経済的なメリットもない仕事」を引き受けていると、子どももしっかりした考えを持つようになってくるから不思議なものだ。

その理由のひとつは、**子どもの身近にいるお父さんやお母さん自身にさまざまな引き出しが増え、それが子どもから見て魅力的に映る**ということではないだろうか。

たとえば、ＰＴＡの役員などをしていると、同学年の保護者だけでなく、ほかの学年の親とも親しくなれる。

横のつながりだけでなく縦の結びつきもできる。子どもから見れば、リーダーシップを発揮しているように映る。

自治会の役員や同窓会の幹事も、前向きな気持ちでこなせば、地域の歴史や現状に詳しくなるほか、違う世代の人たちと交流できるメリットがある。

さまざまなバックグラウンドを持った人たちと親しくなれて、新鮮な驚きや気づきを与えてくれたりする場にもなる。

家庭での話題が、子どもの学校の話や母親仲間の会話で出た話だけではなくなるので、子どもからすれば、話題が多いお父さんやお母さんになれる。

また、親がポジティブに取り組んでいれば、子どもの中に、

「僕も人の役に立ちたい」

「私もみんなに喜んでもらいたい」

といった意識も芽生えやすくなる。

近ごろでは、大学の総合型選抜入試や就職活動の際、ボランティア経験など学校以外の社会活動について問うケースが増えている。

親が率先して「世話役」を引き受けるような家庭なら、子どもも社会活動に目を向けやすくなるので、入試や就活でも大きなアドバンテージが得られるはずだ。

――「おもてなし」の精神を持つ

2020年夏のオリンピック誘致活動で話題になった言葉に「おもてなし」がある。

英語では「ホスピタリティ」という言葉が相当するが、「おもてなし」には、「持て成す」、

すなわち、**目に見える形で接する、あるいは対価を求めず、裏表なく相手を受け入れるという意味が込められている。**

「おもてなし」は、日本人として大切にしたい精神だ。

ただ、一般家庭で「おもてなし」の機会が豊富にあるかと聞かれれば、とくに都市部では、めったにないという家庭が多いのではないだろうか。

わが家もそうだが、都市部では、マンションであれ一戸建てであれ、家族3人から4人で生活することを目的に間取りが設計されているため、来客用の応接間を設けるようなスペースはないというのが実情だ。

そのため、「誰かが訪ねてくると駅前のカフェで会う」とか、場合によっては「玄関先での立ち話で済ませる」というケースが増えている。

法要なども、近くの料亭や会館を利用して済ませることが多いため、外部の人間を自宅内に招き入れるという機会は激減しているのではないだろうか。

しかし、私は可能な限り、お客さんを自宅に招くことを強くおすすめしたい。

家が狭いという物理的な条件は簡単には変えられないが、親の「おもてなし」に関する意識ならすぐに変えられる。

その最大の理由は、**親が外からのお客さんに対し、どのように対応しているのかを、子どもが直接見ることができる**からだ。

玄関先での挨拶に始まり、手土産をいただいたときの反応、そして家の中に通してお茶菓子を出しながらの対応、さらにはお見送りのときの言葉がけなど、親の言動を通じて子どもは学ぶことができる。

そのことが、行儀作法や第三者への気づかいを学ぶ数少ない機会になる。

私などもそうだが、幼少時代に比べ、外部からお客さんを招き入れる経験が少ないため、親自身が、

「あれっ？　自分たちの親はどうしていたかな？」

と思い起こしながら、失礼のないように「おもてなし」をする習慣を再確認する場になることだろう。

つまり、自宅にお客さんを招き入れることは、親子で行儀作法や接待の方法を学ぶことができるいい機会になるということだ。

それだけに、お父さんやお母さんは、不意に来客があった際、

「なんで急に来ちゃったのかなあ？　駅前のカフェに連れ出すか……」

と億劫《おっくう》がったり、

「適当に相手をして帰らせよう」

などといったそぶりをしたりしないこと。

「あの人だったら、お茶菓子なんて出す必要ないわ」

このように、人によって態度を使い分けたりするのも厳禁だ。

むしろ、**子どもにお茶菓子を運ばせ、「こんにちは」と挨拶させるなど、かかわらせていただきたい。**

子どもも年を重ねるにつれ、他人との接し方が問われるようになる。

既述したように、総合型選抜入試や国公立大学の2次試験は、受験生の総合力を見る入試だ。

来客への対応をさせたほうが、物怖《ものお》じせず、相手の目を見ながらしっかり話せるようにもなる。

Column

新入試のリアル 5

総合型選抜入試で合格する「鉄板」の志望理由書

「人間力」とか個々の「総合力」が試されるハイパー・メリトクラシー的な大学入試であっても、主に総合型選抜入試で合否を左右する志望理由書には、合格するための「王道」が存在する。本編で述べたストーリー展開である。

具体的にいえば、「現在→過去→現在→未来」という構成で、なぜ○○大学の□□学部に入りたいのか、その背景と将来への強い意思をつづることだ。

たとえば、「私は国際機関で働き、貧困対策に従事したいと考えるようになった」(現在)→「それは高校1年の夏、○○という体験をし、高校2年の冬には□□という体験もしたからだ」(過去)→「これらの体験から、大学で○○を学び、社会に貢献したいと考えるようになった」(現在)→「貴学には○○という制度がある。それを活用して□□を学び、夢の実現に近づきたい」(未来)という流れだ。

動機となった体験はひとつでは弱い。先々の就職活動でもそうだが、「部活動」と「ボランティア」、「語学留学」と「アルバイト」など、組み合わせての武器が2つは欲しい。

その体験で得たことや気づいたことを、ややオーバー気味に書くことだ。ウソは禁物だが、話を少々盛るのは演出の範囲だ。

その時点で「国際機関で働きたい」とまでは考えていなくても、留学体験や外国人との触れ合いを体験談として盛り込むのであれば、冒頭で宣言していい。

そこまでできれば、出願に必要な志望理由書など怖くない。本番の面接試験でも堂々とその話をすればいい。

おわりに

あなたの「常識」は、もはや子育ての「常識」ではない

早期教育を施し、数年先の学習内容まで進ませ、近くに実績のある中高一貫校があれば受験をさせて、それがないなら地域でいちばんの公立高に入学させ、少しでも偏差値の高い大学に入学させる、というのが、子育ての「王道」だったかもしれない。

しかし、**社会構造が変わり、企業や大学が求める人物像に変化が見られる現代社会では、従来型の子育ての「常識」は通用しなくなってきている。**

代表格は塾だ。

読み書き計算能力を高めるという意味では、今でも必要としている家庭が多いと思うが、それだけではこれからの大学入試（その変化の影響を受ける中学や高校受験）では通用しない。

子どもの「人間力」や「総合力」が問われるということは、これまでの「常識」にとらわれない「家庭力」も問われるということだ。

まずは、学校でしばしば求められる協調性だ。

「みんなと仲よく」「みんなと同じように」に代表される協調性は、「ない」より「あった」ほうがいいに決まっている。

とはいえ、強制する話でもない。総合型選抜入試や就職活動では個性が問われるのだ。**社会の変容で主体性が問われる中、「会社のルールを守り、上司に逆らわない人物」が昇進した時代は終わり、「出る杭《くい》」が重宝される時代が来ている。**

多様な考えを尊重し、誰とでも協働でき、合意形成に持っていく気持ちは大事だが、「みんなと一緒」である必要などさらさらない。

では、模範的な子ども像としてよく耳にするリーダーシップはどうだろう。

リーダーといえば、本編でも述べたように、大勢の前で明確な言葉を発信し、ひとつにまとめていく巻き込み力が強い人というイメージだ。

ところが、子どもの中には内気な子どももいれば、人前で歯切れよく語れない子どももいる。

ただ、そういう子どもでも、**相手の気持ちがわかる、相手の出方でアプローチを変える、文章で説得する、人前でしゃべる際は顔を上げてゆっくり語る、などによって、人の心を動かすことは可能なのだ。**

「塾は必要」

「協調性は大切」

「リーダーシップは重要」

このようにわずか3つを取り上げただけでも、こうした旧来の「常識」は、今や「非常識」になってきたことがわかるはずだ。

「学校や塾に任せておけばいい」

という時代ではなくなった分、お父さんやお母さんの負担は若干重くなるかもしれない。ハイパー・メリトクラシーの時代は、入試だけでなく家庭教育もハイパー・メリトクラシー化したことになるが、中高生になっても、進路選択以外にかかわらなければならないことが増えた分、そして、目先の定期テストや模擬試験の点数や偏差値を上げることだけがすべてではなくなった分、子育ての方法がバリエーションに富み、楽しくなったともいえるのだ。

金銭的に余裕がある家庭も、そうでない家庭も、方法はいくらでもある。**毎日の生活そのものが入試対策になってきた今、親が固定観念を捨てることがスタートラインとなりそうだ。**

最後に、本書執筆の機会をいただいた清談社Publicoの代表取締役社長、畑祐介さんに深く感謝を申し上げ、結びとしたい。

清水克彦

参考文献

（登場順。データ等の引用は本文中に明記した）

- 本田由紀『多元化する「能力」と日本社会　ハイパー・メリトクラシー化のなかで』（NTT出版、2005年）
- 柳沢幸雄『東大とハーバード　世界を変える「20代」の育て方』（大和書房、2013年）
- 細谷功『入門『地頭力を鍛える』32のキーワードで学ぶ思考法』（東洋経済新報社、2019年）
- 高橋秀実『「弱くても勝てます」 開成高校野球部のセオリー』（新潮社、2012年）
- 和田秀樹『自分が「自分」でいられる　コフート心理学入門』（青春出版社、2015年）
- 石井至『慶應幼稚舎と慶應横浜初等部』（朝日新聞出版、2014年）
- おおたとしまさ『受験と進学の新常識　いま変わりつつある12の現実』（新潮社、2018年）
- 石川一郎『2020年の大学入試問題』（講談社、2016年）
- 清水克彦『2020年からの大学入試　「これからの学力」は親にしか伸ばせない』（青春出版社、2017年）
- 『大学新入試に勝つ! 中高一貫校』（「週刊ダイヤモンド」2018年3月31日号）

子《こ》育《そだ》て2.0
“超《ちょう》”能力《のうりょく》社会《しゃかい》を勝《か》ち抜《ぬ》く力《ちから》がつく入試《にゅうし》戦略《せんりゃく》

2021年6月28日　第1刷発行

著　者　清水克彦《しみずかつひこ》

ブックデザイン　小口翔平＋阿部早紀子＋奈良岡菜摘（tobufune）
本文DTP　友坂依彦

発行人　畑 祐介
発行所　株式会社 清談社Publico
〒160-0021
東京都新宿区歌舞伎町2-46-8 新宿日章ビル4F
TEL：03-6302-1740　FAX：03-6892-1417

印刷所　中央精版印刷株式会社

ISBN 978-4-909979-17-9 C0037

清談社
Publico

http://seidansha.com/publico
Twitter @seidansha_p
Facebook http://www.facebook.com/seidansha.publico